옥효진 쌤의 4단계 독해 비법

문화

과학

공부 잘하는 아이의 똑똑한 신문 읽기

정치

경제

세계

옥효진 지음

주니어김영사

저자의 말

"깊이 있는 독서를 통해 생각하는 힘을 길러요."

　우리나라는 한글을 사용해요. 세종대왕께서 만드신 한글은 처음 배우는 외국인들도 몇 시간이면 읽을 수 있을 정도로 쉬운 문자예요. 그래서 우리나라의 문맹률은 전 세계적으로 가장 낮은 수준에 속하죠. '문맹'이란 글을 읽거나 쓸 줄 모르는 사람을 의미해요. 즉, 우리나라에서 글을 읽지 못하는 사람의 수는 매우 적다는 뜻이죠. 이 책을 읽고 있는 여러분도 한글을 읽고 쓰는 것이 어렵지 않을 거예요. 하지만 여러분이 읽고 있는 글을 모두 이해하고 있느냐고 묻는다면, 대답은 다를 수 있어요. 한글을 읽을 줄 안다고 해서 한글로 적힌 글의 내용을 모두 이해할 수 있는 것은 아니기 때문이에요.

　여러분도 글을 읽었지만 그 내용을 이해하지 못한 경험이 있을 거예요. 수업 중 교과서를 볼 때도 소리 내어 읽을 수는 있지만 단어의 뜻을 이해하지 못하거나, 글의 내용을 파악하지 못한 친구들이 있을 수 있어요. 또 책을 읽으면서 그 책이 전달하고자 하는 바를 이해하지 못한 친구들도 있을 거예요. 학교에서 여러분과 같은 초등학생을 가르치는 선생님도, 글을 읽을 수는 있지만 그 의미를 이해하지 못하는 친구들을 자주 만나곤 해요. 그래서 여러분이 글을 제대로 이해하며 읽기를 바라는 마음으로, 저는 이 책을 쓰기로 결심했어요.

　글을 읽는 것과 글을 이해하는 것은 달라요. 선생님은 여러분이 읽은 글을 올바르게 이해하기를 바란답니다. 그래야만 여러분의 학업 실력도 늘고, 무엇보다 이 세상에서 어떤 일들이 벌어지고 있는지 알 수 있기 때문이에요. 글을 제대로 읽는다는 것은 글의 내용을 깊이 이해하며 읽는다는 의미이고, 그렇게 읽으면 세상을 보는 시야도 넓어진답니다.

　글을 제대로 읽기 위해서는 많은 양의 독서도 물론 중요해요. 하지만 무작정 많은 글을 읽는다고 해서 그 내용을 제대로 이해할 수 있는 것은 아니에요. 많은 양을 읽는 것도 중요하지만, 더 중요한 것은 글을 깊이 있게 읽는 거예요. 이를 위해서는 글을 어떻게 읽어야 하는지 방법을 배우고, 그 방법을 연습하는 과정이 필요해요. 혼자서 깊이 있는 독서를 어려워하는 친구들을 위해 이 책에 글을 제대로 읽고 이해하는 방법을 담았어요. 선생님이 알려 주는 네 가지 방법으로 글을 제대로 읽는 연습을 꾸준히 해 나가기를 바랄게요.

　그리고 여러분이 읽을 글은 올해의 흥미로운 소식을 다룬 신문 기사를 바탕으로 준비했어요. 실제 신문 기사는 여러분이 읽기에 너무 어려울 수 있어, 여러분이 쉽게 읽고 이해할 수 있도록 기사의 내용을 다듬어 두었으니, 선생님과 함께 다양한 영역의 기사를 읽어보도록 해요.

　뉴스를 흔히 세상을 보는 창이라고 해요. 이 책의 기사를 읽으며 여러분의 시야가 넓어지기를 바라며, 넓어진 세상 속에서 여러분의 생각이 성장하기를 기대합니다.

옥효진 선생님

 # 이 책의 구성과 특징

최신 시사 지식을 차곡차곡!
아이들의 눈높이에 맞춰 쉽고 재미있게 쓴 2024년 최신 뉴스로 시사 지식을 쌓아요.

독해력이 쑥쑥!
4단계 독해 비법을 통해 독해력을 체계적으로 키워요.

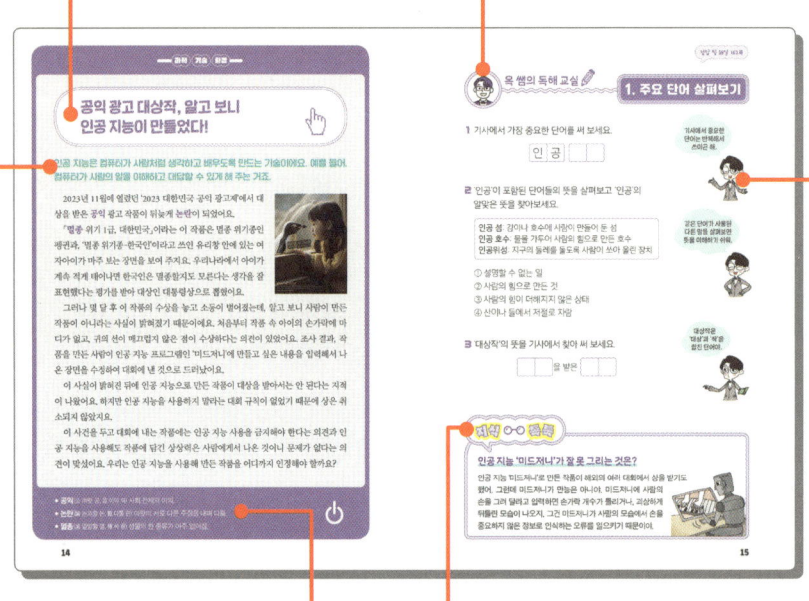

뉴스 읽기 전, 워밍업!
처음 뉴스 읽기를 시작하면 이해하기 어려울 수 있어요. 이해를 돕기 위해 꼭 알아야 할 배경 지식을 넣었어요.

옥 쌤의 1 대 1 코칭!
글을 읽는다고 해서 독해력이 바로 늘지는 않아요. 헷갈릴 때는 살짝 옥 쌤의 코치를 받아요.

어려운 어휘도 이해가 쏙!
뉴스 속 어려운 어휘는 한자 뜻을 확인하며 쉽게 이해해요.

나는 지식 왕!
뉴스 속 지식 외에 알아 두면 좋은 정보로 지식을 넓혀요.

4

어휘가 머릿속에 쏙쏙!
어휘를 무작정 외우려고만 하면 잘 외워지지 않아요. 그래서 글의 맥락을 통해 어휘를 자연스럽게 익힐 수 있도록 구성했어요.

논술력이 쑥쑥!
찬반 의견이 팽팽한 기사에 대한 나의 의견을 정리하면서 논술력을 키워요.

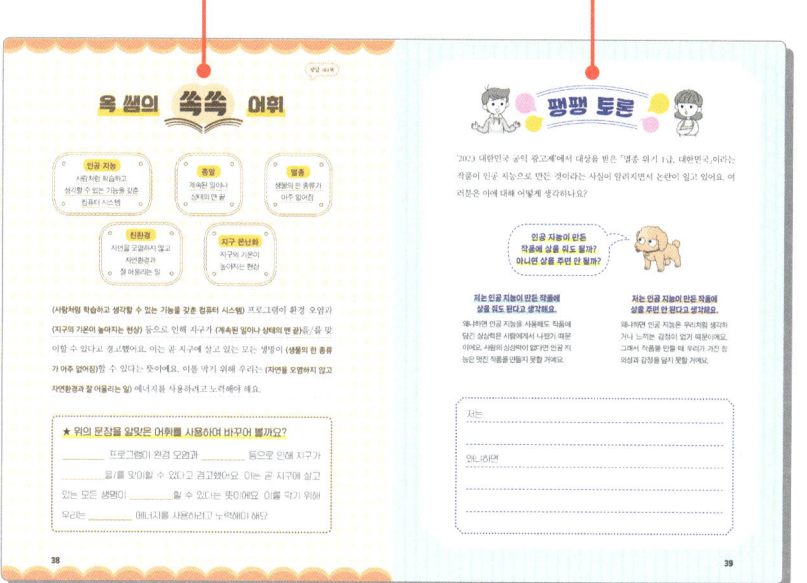

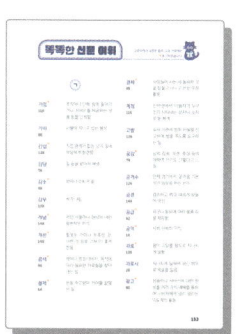

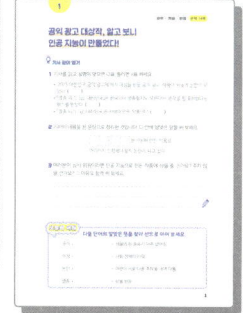

부록으로 더욱 알차게!
뉴스에 사용된 어휘 중 교육부에서 지정한 필수 교과 어휘를 선별해 담았어요.
그리고 뉴스 속 시사 지식을 완전히 내 것으로 만들 수 있도록 워크북에 관련 문제를 제공했어요.

차례

똑똑하게 신문을 읽어요 · 10

1장 과학·기술·환경 이슈

공익 광고 대상작, 알고 보니 인공 지능이 만들었다! ········· 14
갓 태어난 새끼 백상아리, 세계 최초 발견 ········· 16
"배변 봉투 챙겨라!", 에베레스트산에 무슨 일이? ········· 18
째깍째깍, 지구 종말 90초 전! ········· 20
달나라로 떠나는 우주여행 시대가 열린다 ········· 22
새콤달콤 개미, 닭고기 맛 뱀고기가 미래 식량이라고? ········· 24
인공 지능에 빼앗긴 목소리, 어떻게 하나요? ········· 26
더워지는 지구, 사라지는 꿀벌들 ········· 28
공룡이 원숭이만큼 똑똑했다고? 사실은 악어와 비슷 ········· 30
'빵! 빵!' 교통 소음이 새에게 미치는 영향은? ········· 32
세계는 플라스틱 포장과 전쟁 중! 플라스틱 대신 이런 건? ········· 34
지구 행복 지수 76위 한국, 문제는 탄소 배출량! ········· 36

옥 쌤의 쏙쏙 어휘 · 38
팽팽 토론 · 39

2장 사회·정치 이슈

백과사전이 틀리면 어쩌나요? ········· 42
미국은 대통령을 이렇게 뽑아요! ········· 44
유튜브 사용 시간 세계 1위 한국, 월평균 40시간이나? ········· 46
입학식 못한 초등학교 전국 157곳, "신입생이 없어요." ········· 48
스마트폰은 잠시 안녕~ 우리 '디지털 디톡스' 해요 ········· 50
한국은 '국회 의원', 미국은 '소방관'이 가장 존경받는 직업 ········· 52

어린이 공원에서 공놀이를 하지 말라고요? · 54
'노키즈존'이 불러온 '노○○존' 세상 · 56
'백두산' 유네스코 세계 지질 공원으로 선정, "어? 이름이 다르네?" · 58
너무 일찍 세상을 떠난 동물원 호랑이가 말해 주는 것은… · 60
'학교 폭력 기록' 졸업해도 4년간 남는다 · 62
주운 신용 카드로 사탕 산 여고생들이 감사장을 받은 까닭은? · 64

 · 66

 · 67

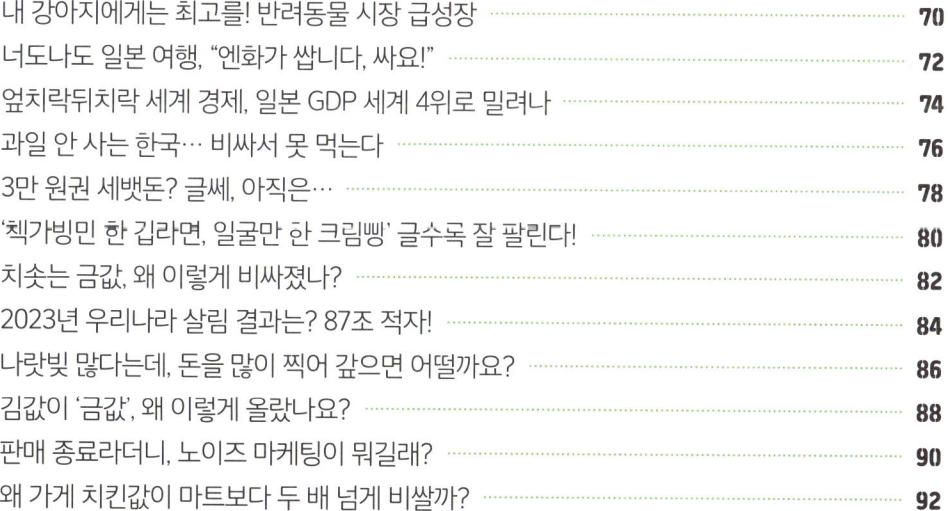

3장 경제 이슈

내 강아지에게는 최고를! 반려동물 시장 급성장 · 70
너도나도 일본 여행, "엔화가 쌉니다, 싸요!" · 72
엎치락뒤치락 세계 경제, 일본 GDP 세계 4위로 밀려나 · 74
과일 안 사는 한국… 비싸서 못 먹는다 · 76
3만 원권 세뱃돈? 글쎄, 아직은… · 78
'책가빙민 한 깁라면, 일굴만 한 크림빵' 글수록 잘 팔린다! · 80
치솟는 금값. 왜 이렇게 비싸졌나? · 82
2023년 우리나라 살림 결과는? 87조 적자! · 84
나랏빚 많다는데, 돈을 많이 찍어 갚으면 어떨까요? · 86
김값이 '금값', 왜 이렇게 올랐나요? · 88
판매 종료라더니, 노이즈 마케팅이 뭐길래? · 90
왜 가게 치킨값이 마트보다 두 배 넘게 비쌀까? · 92

 · 94

 · 95

4장 세계 이슈

우크라이나 전쟁 3년째, 평화는 과연 언제쯤?	98
수에즈 운하가 막혔다! 먼 길로 돌아서 가는 세계의 배들	100
위기의 라파, 갈 곳 없는 팔레스타인 난민	102
세계에서 가장 ○○한 나라는?	104
중국 온라인 쇼핑몰 '엉터리 태극기' 팔다가 걸려	106
"2년 동안 내릴 비가 하루에 쏟아졌어요." 두바이 폭우의 원인은?	108
미국 플로리다 어린이들, 2025년부터 SNS 못 하게 되나?	110
필립섬 펭귄은 왜 스웨터를 입고 있지?	112
미국에 1,000조 마리 매미 떼 덮친다! '제트기급 소음 예상'	114
중국 초등학교 "밤 9시 반 이후에는 숙제하지 마세요."	116
멕시코의 전통문화 투우, 계속될까요?	118
멕시코, 첫 여성 대통령 나왔다!	120

  · 122

 · 123

5장 문화·예술 이슈

선 넘은 악플은 이제 그만! 우리 선수에게 격려와 응원을	126
나와라, 뱅크시! '얼굴 없는 예술가' 정체 밝혀지나?	128
한국 문화의 세계 정복, 이제는 '한국 문학'이다!	130
모아이를 돌려주세요!	132
경복궁에 낙서하고 예술이라니!	134
한국 프로 야구, 베이스 커지고 로봇 심판 등장했다	136

키우는 돌멩이, '반려돌'을 아시나요? ········ 138
아무 연주도 하지 않는 연주, 「4분 33초」 ········ 140
책 안 읽는 한국인, 유튜브로 보면 된다고? ········ 142
어버이날에 왜 카네이션을 선물하게 되었을까? ········ 144
어린이날이 행복하지 않은 한국인, 도대체 왜? ········ 146
경복궁에서 엉터리 한복은 이제 그만! ········ 148

 · 150
팽팽 토론 · 151

똑똑한 신문 어휘 · 153
정답 및 해설 · 162

일러두기

- 이 책에 수록된 기사는 2024년 1월부터 6월까지 여러 언론사에서 다룬 기사를 아이들의 눈높이에 맞추어 재구성했습니다.
- 이 책에 수록된 어휘의 뜻풀이와 외래어, 지명 등은 국립국어원의 표준국어대사전을 참고했습니다.

똑똑하게 신문을 읽어요

독해 비법 1 주요 단어 살펴보기

글을 쓸 때는 단어들을 모아 문장을 만들고, 문장을 모아 문단을 만들어요. 그리고 여러 개의 문단이 모여 하나의 글을 이루죠. 반대로 글을 이해하기 위해서는 문단에 사용된 문장들을 이해해야 하고, 문장을 이해하기 위해서는 단어를 이해해야 해요. 글에 쓰인 중요한 단어들을 살펴보면 글쓴이가 왜 글을 썼는지 알 수 있어요.

> 이 사건을 두고 대회에 내는 작품에는 인공 지능 사용을 금지해야 한다는 의견과 인공 지능을 사용해도 작품에 담긴 상상력은 사람에게서 나온 것이니 문제가 없다는 의견이 맞섰어요. 우리는 인공 지능을 사용해 만든 작품을 어디까지 인정해야 할까요?
>
> ➡ '인공 지능'이라는 단어가 여러 번 등장하고 있어요. 따라서 이 글은 '인공 지능'에 대해 이야기하는 글이에요.

독해 비법 2 문단별 중심 문장 파악하기

여러 개의 문단이 모여 하나의 글을 이루어요. 하나의 문단에는 하나의 중심 생각이 들어 있어요. 문단이 두 개인 글에는 두 개의 중심 문장이 있고, 문단이 세 개인 글에는 세 개의 중심 문장이 있죠. 문단의 처음이나 끝을 잘 살펴보세요. 중심 생각이 자주 등장하는 곳이기 때문이에요. 문단별 중심 문장을 찾으면 내가 읽은 글이 어떤 구조로 이루어져 있는지 이해할 수 있어요.

> 오염의 한 원인은 산을 오르는 사람들의 배설물이에요. 에베레스트산에서는 땅이 얼어붙어 땅속에 배설물을 파묻을 수 없어요. 그래서 배설물은 땅 위에 그대로 버려지죠. 이러한 배설물은 환경과 식수를 오염시켜 등산하는 사람들과 산 아랫마을 사람들의 건강에 큰 문제를 일으키지요.
>
> ➡ 문단의 처음에 중심 문장이 나타나 있어요.

독해 비법 3 세부 내용 파악하기

글에서 중심 문장이 글의 뼈대라면, 뒷받침 문장(세부 내용)은 살과 같아요. 뼈만 앙상한 글보다는 살이 적당히 붙어 있는 글이 더 완성도가 높아요. 중심 문장을 뒷받침하는 뒷받침 문장을 통해 글에서 전하고자 하는 내용을 더 자세하고 구체적으로 확인할 수 있어요.

> 오염의 한 원인은 산을 오르는 사람들의 배설물이에요. <u>에베레스트산에서는 땅이 얼어붙어 땅속에 배설물을 파묻을 수 없어요. 그래서 배설물은 땅 위에 그대로 버려지죠. 이러한 배설물은 환경과 식수를 오염시켜 등산하는 사람들과 산 아랫마을 사람들의 건강에 큰 문제를 일으키지요.</u>
>
> ➡ 뒷받침 문장이 중심 문장의 내용을 더 자세히 설명해 주고 있어요.

독해 비법 4 한 문장으로 정리하기

사람들은 보통 긴 글을 쓰는 것을 어렵게 느껴요. 하지만 글을 길게 쓰는 것보다 더 어려운 것은 글을 짧은 문장으로 나타내는 것이에요. 내가 하고 싶은 말과 전하고 싶은 생각을 짧은 문장에 담는 것은 생각보다 어려운 일이에요. 이는 글의 내용을 모두 이해하고 글을 내 것으로 만들어야 가능한 일이기 때문이에요. 그래서 긴 글을 한 문장으로 정리하려다 보면 글의 내용을 더 잘 이해할 수 있어요.

> 지구는 점점 더워지고 있어요. 석유나 석탄을 사용하면 나오는 이산화 탄소나 메탄가스가 지구를 둘러싸 지구의 온도가 올라가는 '지구 온난화'(지구가 더워진다는 뜻이에요.)가 일어나고 있거든요. 그리고 이 지구 온난화 때문에 꿀벌이 죽어 가고 있어요.(꿀벌이 사라지고 있어요.)
>
> ➡ 이 글의 내용을 한 문장으로 정리하면 '지구 온난화 때문에 꿀벌이 죽어 가고 있다.'라고 할 수 있어요. 이렇게 정리한 내용을 활용해 '더워지는 지구, 사라지는 꿀벌들'과 같은 글의 제목을 만들 수 있죠.

신문을 읽으면서 생각을 넓혀요

생각 넓히기 1 적용 및 추론하기

글에서 찾을 수 있는 여러 단서와 내가 이미 알고 있는 지식을 활용해 글에 나타나지 않은 새로운 내용을 생각해 내는 것을 '추론'이라고 해요. 추론하면서 글을 읽으면, 글에 쓰인 내용만 읽는 것보다 훨씬 더 깊이 글의 내용을 이해할 수 있어요. 그리고 글에서 읽은 내용을 다른 곳에 적용하는 것도 가능해져요.

> 2024년 4월 11일, 지아의 아버지께서 뉴스를 보며 한숨을 쉬셨어요. 2023년 우리나라의 빚이 1,126조 7,000억 원이나 된다는 소식 때문이었지요.
>
> ➡ 한숨을 언제 쉬는지 생각해 보면, 우리나라의 빚이 1,126조 7,000억 원이나 된다는 것이 좋은 일인지 나쁜 일인지 추론할 수 있어요.

생각 넓히기 2 기사에 대한 나의 생각 정리하기

글을 읽을 때는 단순히 글자만 읽어서는 안 돼요. 글의 내용을 이해하고 내 것으로 만들어야 하죠. 글의 내용을 온전히 내 것으로 만들면, 그에 대한 나의 생각을 이야기할 수 있게 돼요. 글쓴이의 생각에 동의할 수도 있고, 다른 생각을 가질 수도 있죠. 그리고 나의 생각에 대한 근거도 제시할 수 있게 돼요. 그래서 글을 많이 읽는 것은 나의 생각의 깊이, 즉 생각하는 힘을 키우는 것이에요.

> 현수막 내용에 찬성하는 사람들은 소음과 안전 문제를 이유로 공놀이를 하지 않는 게 맞다고 해요. 공 튀기는 소리가 주민에게 소음 피해를 주고, 공이 날아가 집이나 차량을 망가뜨리거나 사람이 맞을 수 있어 위험하다는 거죠. 하지만 반대 의견의 사람들은 어린이를 위한 공원이니 어린이가 마음껏 뛰어놀 수 있어야 한다고 해요. 아이들이 공놀이를 하며 노는 소리를 어른들이 이해하고 배려해 주어야 한다는 생각이지요.
>
> ➡ 글에는 찬성하는 사람과 반대하는 사람의 의견이 모두 담겨 있어요. 글을 읽으면서 나의 생각이 어떤지 고민해 볼 수 있어요.

1장
과학·기술·환경 이슈

우주여행   환경 오염

지구 온난화   미래 식량

지구 종말   인공 지능   교통 소음

과학 기술 환경

공익 광고 대상작, 알고 보니 인공 지능이 만들었다!

인공 지능은 컴퓨터가 사람처럼 생각하고 배우도록 만드는 기술이에요. 예를 들어, 컴퓨터가 사람의 말을 이해하고 대답할 수 있게 해 주는 거죠.

2023년 11월에 열렸던 '2023 대한민국 공익 광고제'에서 대상을 받은 공익 광고 작품이 뒤늦게 논란이 되었어요.
「멸종 위기 1급, 대한민국」이라는 이 작품은 멸종 위기종인 펭귄과, '멸종 위기종-한국인'이라고 쓰인 유리창 안에 있는 여자아이가 마주 보는 장면을 보여 주지요. 우리나라에서 아이가 계속 적게 태어나면 한국인은 멸종할지도 모른다는 생각을 잘 표현했다는 평가를 받아 대상인 대통령상으로 뽑혔어요.

그러나 몇 달 후 이 작품의 수상을 놓고 소동이 벌어졌는데, 알고 보니 사람이 만든 작품이 아니라는 사실이 밝혀졌기 때문이에요. 처음부터 작품 속 아이의 손가락에 마디가 없고, 귀의 선이 매끄럽지 않은 점이 수상하다는 의견이 있었어요. 조사 결과, 작품을 만든 사람이 인공 지능 프로그램인 '미드저니'에 만들고 싶은 내용을 입력해서 나온 장면을 수정하여 대회에 낸 것으로 드러났어요.

이 사실이 밝혀진 뒤에 인공 지능으로 만든 작품이 대상을 받아서는 안 된다는 지적이 나왔어요. 하지만 인공 지능을 사용하지 말라는 대회 규칙이 없었기 때문에 상은 취소되지 않았지요.

이 사건을 두고 대회에 내는 작품에는 인공 지능 사용을 금지해야 한다는 의견과 인공 지능을 사용해도 작품에 담긴 상상력은 사람에게서 나온 것이니 문제가 없다는 의견이 맞섰어요. 우리는 인공 지능을 사용해 만든 작품을 어디까지 인정해야 할까요?

- **공익**(公 여럿 공, 益 이익 익) 사회 전체의 이익.
- **논란**(論 논의할 논, 難 다툴 란) 여럿이 서로 다른 주장을 내며 다툼.
- **멸종**(滅 멸망할 멸, 種 씨 종) 생물의 한 종류가 아주 없어짐.

정답 및 해설 162쪽

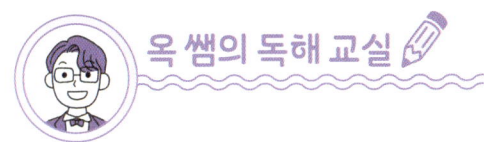

1. 주요 단어 살펴보기

1 기사에서 가장 중요한 단어를 써 보세요.

| 인 | 공 | | |

기사에서 중요한 단어는 반복해서 쓰이곤 해.

2 '인공'이 포함된 단어들의 뜻을 살펴보고 '인공'의 알맞은 뜻을 찾아보세요.

> 인공 섬: 강이나 호수에 사람이 만들어 둔 섬
> 인공 호수: 물을 가두어 사람의 힘으로 만든 호수
> 인공위성: 지구의 둘레를 돌도록 사람이 쏘아 올린 장치

① 설명할 수 없는 일
② 사람의 힘으로 만든 것
③ 사람의 힘이 더해지지 않은 상태
④ 산이나 들에서 저절로 사람

같은 단어가 사용된 다른 말을 살펴보면 뜻을 이해하기 쉬워.

3 '대상작'의 뜻을 기사에서 찾아 써 보세요.

| | | 을 받은 | | |

대상작은 '대상'과 '작'을 합친 단어야.

인공 지능 '미드저니'가 잘 못 그리는 것은?

인공 지능 '미드저니'로 만든 작품이 해외의 여러 대회에서 상을 받기도 했어. 그런데 미드저니가 만능은 아니야. 미드저니에 사람의 손을 그려 달라고 입력하면 손가락 개수가 틀리거나, 괴상하게 뒤틀린 모습이 나오지. 그건 미드저니가 사람의 모습에서 손을 중요하지 않은 정보로 인식하는 오류를 일으키기 때문이야.

과학 기술 환경

갓 태어난 새끼 백상아리, 세계 최초 발견

백상아리는 알을 바로 낳지 않고 새끼가 알을 깨고 나올 때까지 몸속에 알을 품어요. 이것을 '난태생'이라고 해요.

지금껏 아무도 본 적이 없던 갓 태어난 새끼 백상아리가 미국에서 최초로 **발견**되어 과학계에서 화제가 되고 있어요.

이 새끼 백상아리는 2023년 7월, 미국 캘리포니아 중부 **연안** 바다에서 백상아리의 **생태**를 연구하던 야생 동물 사진 작가와 연구원에게 발견되었어요. 새끼 백상아리가 발견된 곳은 캘리포니아 샌타바버라 해변에서 약 400m 떨어진 곳이었어요.

새끼 백상아리는 약 1.5m 정도의 길이로 온몸이 새하얀 색이었어요. 다 자란 백상아리의 몸길이가 최대 6.5m나 되는 것에 비해 아주 작은 것으로 보아 새끼 백상아리는 태어난 지 채 하루가 되지 않은 것으로 보였지요. 백상아리는 원래 배는 흰색이고, 등은 회색인데 이 새끼 백상아리의 온몸이 새하얀 것은 엄마 배 속에서 하얀 영양 성분을 막처럼 뒤집어썼기 때문이었어요. 새끼 백상아리가 헤엄치면서 이 하얀 막들이 조금씩 벗겨지고 있었지요.

이 새끼 백상아리의 발견과 연구 소식은 2024년 1월 29일, 국제 학술지 『환경 생물학』에 실렸어요. 그동안 백상아리가 어디에서 새끼를 낳는지, 갓 태어난 새끼는 어떤 모습인지 알려지지 않았기 때문에 이 소식은 과학계의 주목을 받았어요. 백상아리가 해변과 가까운 얕은 바다에서 새끼를 낳았다는 것은 중요한 발견이었지요. 이로써 우리는 그동안 비밀에 싸여 있던 백상아리의 생태 이해에 한 걸음 더 다가가게 되었어요.

- **발견**(發 밝힐 발, 見 볼 견) 아직 알려지지 않은 사물이나 현상, 사실 등을 찾아냄.
- **연안**(沿 물 따라갈 연, 岸 언덕 안) 육지와 닿아 있는 바다·강·호수 등의 물가.
- **생태**(生 날 생, 態 모양 태) 생물이 살아가는 모양이나 상태.

옥 쌤의 독해 교실

1. 주요 단어 살펴보기

1 백상아리의 이름은 왜 백상아리일까요?

① 배가 흰색이어서
② 백 마리가 무리 지어 다녀서
③ 백 살까지 살기 때문에
④ 눈이 흰색이어서

'상아리'는 '상어'를 나타내는 순우리말이야.

2 '청'이 포함된 단어를 보고, 청상아리는 무슨 색일지 맞혀 보세요.

> 청바지   청팀   청자

① 빨간색   ② 파란색   ③ 회색   ④ 보라색

태극기의 태극 문양은 적색과 청색으로 이루어져 있어.

3 '최초로 발견되었다.'의 뜻은 무엇일까요?

① 맨 처음 발견되었다.
② 맨 나중에 발견되었다.
③ 가장 가까이서 발견되었다.
④ 가장 멀리서 발견되었다.

백상아리, 정말 사람을 잡아먹을까?

백상아리를 소재로 한 「죠스」라는 영화에서처럼 백상아리는 사람을 잡아먹는 무시무시한 괴물로 인식되고 있어. 하지만 최근 연구 결과 백상아리는 주로 가오리나 물개를 먹이로 하고 사람에게는 크게 관심이 없다고 해. 그래도 백상아리가 먹이로 착각하여 공격할 수도 있으니 백상아리 근처에는 가지 않는 것이 좋겠지?

과학 기술 환경

"배변 봉투 챙겨라!", 에베레스트산에 무슨 일이?

에베레스트산은 네팔과 중국의 티베트가 맞닿은 곳에 있어요. 두 나라가 함께 관리하기 때문에 에베레스트산 문제 해결이 더 어렵다고 해요.

㉠"3월부터 에베레스트산에 '**배변** 봉투'를 반드시 가지고 가세요!"
2024년 2월, 네팔 정부는 새 규칙을 발표했어요. 왜 이런 규칙이 생긴 것일까요?

㉡8,848m 높이의 에베레스트산은 세계에서 가장 높은 산으로, '세계의 지붕'이라고도 불려요. 매년 수만 명이 넘는 사람들이 이 산을 방문하죠. 그런데 문제는 이 사람들이 산을 심각하게 오염시키는 거예요.

㉢오염의 한 원인은 산을 오르는 사람들의 배설물이에요. 에베레스트산에서는 땅이 얼어붙어 땅속에 배설물을 파묻을 수 없어요. 그래서 배설물은 땅 위에 그대로 버려지죠. 이러한 배설물은 환경과 식수를 오염시켜 등산하는 사람들과 산 아랫마을 사람들의 건강에 큰 문제를 일으키지요.

㉣이와 함께 산을 찾은 사람들이 버리는 쓰레기도 에베레스트산을 크게 오염시켜요. 사람들이 산을 내려갈 때 짐을 가볍게 하려고 버리고 오는 쓰레기의 양이 2023년 한 해에만 75톤이 넘었지요.

㉤네팔 정부는 매년 수십 톤의 쓰레기를 수거하고, 한 사람당 8kg의 쓰레기를 되가져오면 **보증금** 약 530만 원을 돌려주는 제도도 시행했지만, 큰 효과가 없었어요. 그러자 이번에는 '배변 봉투'에 자기 배설물을 가져오도록 하는 규칙을 만든 거예요. 그런데 산의 오염을 막으려면 무엇보다도 산을 오르는 사람의 수를 줄여야 해요. 하지만 네팔 정부가 1년에 50억 원이 넘는 **입산료** 수입을 포기하기는 쉽지 않아 보여요.

- **배변**(排 물리칠 배, 便 똥오줌 변) 대변을 몸 밖으로 내보냄.
- **보증금**(保 보전할 보, 證 증거 증, 金 돈 금) 어떤 약속을 지키겠다는 뜻으로 미리 주는 돈.
- **입산료**(入 들 입, 山 뫼 산, 料 값 료) 산에 들어갈 때 내는 돈.

옥 쌤의 독해 교실

2. 중심 문장 파악하기

1 ⓒ~⑩ 문단에서 가장 중요한 문장을 찾아 □ 안에 알맞은 말을 써 보세요.

한 문단 안에는 하나의 중심 문장이 있어.

ⓒ 사람들이 산을 심각하게 □□ 시키는 거예요.

ⓒ 오염의 한 원인은 산을 오르는 사람들의 □□□ 이에요.

② 산을 찾은 사람들이 버리는 □□□ 도 에베레스트산을 크게 오염시켜요.

⑩ □□ 봉투에 자기 배설물을 가져오도록 하는 규칙을 만든 거예요.

2 글쓴이가 사람들에게 하고자 하는 말은 무엇일까요?

① 에베레스트산은 세계에서 가장 높은 산이다.
② 에베레스트산이 배설물과 쓰레기로 오염되고 있다.
③ 매년 수만 명이 넘는 사람들이 에베레스트산을 방문한다.
④ 네팔 사람들이 에베레스트산에서 볼일을 본다.

기사의 제목을 보면 글쓴이가 하고 싶은 말을 알 수 있어.

에베레스트산을 오르는 사람이 많아진 까닭은?

1953년 뉴질랜드의 에드먼드 힐러리가 세계 최초로 에베레스트산 정상을 정복했어. 이때만 해도 지금처럼 많은 사람이 이 산에 오를 줄은 상상도 할 수 없었지. 그것이 가능해진 것은 출발점인 베이스캠프가 정상과 더 가까운 곳에 설치되었고, 산악 장비가 발달했으며, 짐을 들어 주는 등반 안내인 등의 도움이 커졌기 때문이야.

도전에 맞서는 것은 우리 안에 숨겨진 힘을 발견하는 것이야.

 옥 쌤의 독해 교실

2. 중심 문장 파악하기

1 ㉠~㉣ 문단의 중심 문장을 찾아 선으로 알맞게 이어 보세요.

중심 문장이란 문단에서 가장 중요한 문장을 말해.

㉠ 문단 •   • 핵과학자회는 지구 종말 시계를 만들어 세계가 얼마나 핵 위험에 처해 있는지 알리고 있다.

㉡ 문단 •   • 지구 종말 시계를 다시 뒤로 돌리기 위해 우리가 해야 할 일은 무엇일지 모두 함께 생각해 보아야 한다.

㉢ 문단 •   • 핵과학자회는 지구 종말 시계의 초침이 자정에서 90초 전이라고 알렸다.

㉣ 문단 •   • 핵과학자회는 2024년 발표가 작년과 같다고 해서 세계가 평온한 상태는 아니며 여전히 매우 불안정하다고 강조했다.

2 ㉠, ㉡, ㉣ 문단의 중심 문장에서 공통으로 나오는 말을 찾아 써 보세요.

중심 문장은 글의 주제와 긴밀하게 연결되어 있어.

'환경 위기 시계', 우리나라 9시 28분!

'지구 종말 시계'처럼 자정을 가리키면 인류가 멸망하는 것을 나타내는 '환경 위기 시계'도 있어. 1992년부터 우리나라와 일본의 환경 단체가 함께 만든 환경 파괴의 위험성에 대해 알려 주는 시계야. 2023년 우리나라의 환경 위기 시각은 9시 28분이야. 9시가 넘으면 '위험'을 나타내는데, 그만큼 우리나라의 환경 문제가 심각하다는 것이지.

과학 기술 환경

달나라로 떠나는 우주여행 시대가 열린다

달에는 헬륨3, 철, 알루미늄, 티타늄, 희토류 등 수많은 자원과 광물이 있어요. 그중에는 지구에서 구하기 힘든 것도 많아요.

1969년 7월 21일, 아폴로 11호에서 내린 닐 암스트롱은 인류 최초로 달에 발을 내디뎠어요. 달에는 지구에서 구하기 힘든 귀한 광물이 많고, 물도 있으며 중력이 우주선 발사 기지로 적당해요. 그래서 많은 나라가 달을 탐사하려 노력하고 있지요. 지금까지 미국, 중국, 일본 등 7개 나라가 달 궤도에 진입했어요. 우리나라도 2022년에 다누리호를 달 궤도로 보내어 달을 탐사하고 있지요.

이렇게 각국이 앞다투어 달 탐사 경쟁을 벌이는 중 새로운 소식이 들려왔어요. 2024년 2월 22일, 미국의 민간 기업이 만든 달 탐사선 '오디세우스호'가 달에 착륙했지요. 국가가 아닌 민간 기업의 탐사선

으로는 최초의 일이었어요. 안타깝게도 오디세우스호는 전력 문제로 한 달 만에 탐사를 종료했지만, 이 일로 달을 향한 민간 기업들의 관심은 더욱 뜨거워졌죠.

2022년에는 일반인 세 명이 국제 우주 정거장에 다녀왔고, 2023년에는 일반인들이 우주 공간을 비행하는 우주 관광도 성공했어요. 이제는 오디세우스호의 성공으로 일반인들의 달 여행 가능성까지 높아진 거죠. 현재 미국의 한 기업은 8명의 승객을 태우고 달 궤도를 도는 여행을 기획 중이에요. 그 승객 중 한 명이 우리나라의 유명 가수라 화제가 되었어요.

이렇게 세계 여러 나라와 기업들의 달을 향한 도전은 계속되고 있어요. 달 여행을 할 수 있는 시대가 머지않아 보여요.

- 광물(鑛 쇳돌 광, 物 만물 물) 철, 금, 은, 수은, 가스처럼 자연에서 얻어지는 물질.
- 탐사(探 찾을 탐, 査 조사할 사) 알려지지 않은 사물이나 사실 등을 샅샅이 더듬어 조사함.
- 궤도(軌 궤도 궤, 道 길 도) 별이나 인공위성 등이 다른 별의 둘레를 돌면서 그리는 곡선의 길.

째깍째깍, 지구 종말 90초 전!

1947년 6월, 핵 과학자들이 핵전쟁의 위험성을 알리기 위해 '지구 종말 시계'를 만들었어요. 세계의 멸망이 다가올수록 시곗바늘이 자정에 가까워져요.

㉠2024년 1월 23일, 미국의 핵과학자회는 '지구 종말 시계'의 초침이 자정에서 90초 전이라고 알렸어요. 지구 종말 시계의 자정은 곧 지구 멸망을 뜻해요.

㉡핵과학자회는 1947년부터 매년 지구 종말 시계를 만들어 세계가 얼마나 핵 위험에 처해 있는지 알리고 있어요. 핵 위험이 커지면 시곗바늘을 자정에 가깝게 움직였는데, 2007년부터는 기후 위기로 인한 위험도 함께 다루기 시작했지요. 지구 종말 시계의 시곗바늘은 맨 처음에는 자정 7분 전을 가리켰는데, 러시아와 우크라이나의 전쟁이 일어난 2023년에는 자정 90초 전까지 왔어요.

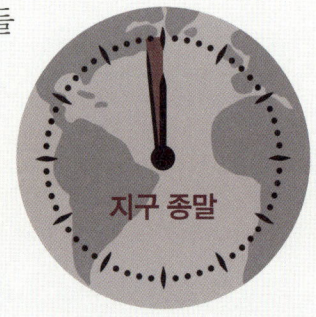

지구 종말

㉢핵과학자회는 2024년 발표가 작년과 같다고 해서 세계가 평온한 상태는 아니며 여전히 매우 불안정하다고 강조했어요. 또 2024년에도 자정 90초 전인 까닭은 러시아와 우크라이나의 전쟁, 이스라엘과 하마스의 전쟁, 심각한 기후 변화, 인공 지능 기술 발전의 위협 때문이라고 해요.

㉣지구 종말 90초 전이라니, 세계가 매우 위태로워 보여요. 하지만 지구 종말 시계가 꼭 종말인 자정을 향해서만 가는 건 아니에요. 세계의 위험이 줄어들면 시곗바늘은 다시 뒤로 움직이거든요. 미국과 소련이 무기를 줄이기로 약속한 1991년에는 자정 17분 전으로 늦춰지기도 했어요. 이처럼 지구 종말 시계를 다시 뒤로 돌리기 위해 우리가 해야 할 일은 무엇일지 모두 함께 생각해 보아야 해요.

- **종말**(終 마칠 종, 末 끝 말) 계속된 일이나 상태의 맨 끝.
- **자정**(子 자시 자, 正 가운데 정) 밤 열두 시.
- **불안정**(不 아니 불, 安 편안할 안, 定 정할 정) 안정성이 없거나 안정되지 못한 상태임.

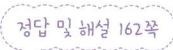

옥 쌤의 독해 교실

3. 세부 내용 파악하기

1 다음 사건이 과거에 일어난 일인지, 미래에 일어날 일인지 찾아 ○표 하세요.

- 닐 암스트롱이 달에 첫발을 내딛다.
  (과거에 일어난 일 / 미래에 일어날 일)

- 8명의 승객을 태우고 달 궤도를 도는 여행
  (과거에 일어난 일 / 미래에 일어날 일)

- 달 탐사선 오디세우스호의 달 착륙
  (과거에 일어난 일 / 미래에 일어날 일)

문장 속 표현을 잘 살펴보면 언제 일어난 사건인지 알 수 있어.

2 기사의 내용으로 <u>틀린</u> 것은 무엇인가요?

① 우리나라도 달 탐사선을 달 궤도에 보냈다.
② 오디세우스호는 지금까지 달 탐사를 계속하고 있다.
③ 일반인 세 명이 국제 우주 정거장에 다녀온 적이 있다.
④ 달에는 물이 있다.

기사의 내용을 이해하려면 글을 꼼꼼히 읽어야 해.

지식 쑥쑥

우리나라 최초의 달 탐사선 '다누리호'

'달을 누리다'라는 뜻의 이름을 가진 '다누리호'는 우리나라 최초의 달 탐사선이야. 2022년 8월 5일에 미국의 민간 우주 업체의 도움을 받아 발사된 다누리호는 달 주위를 돌며 수천 장의 지구와 달 사진을 보내 왔지. 본래 2023년까지만 임무를 수행하기로 했던 다누리호는 연료가 넉넉해서 2025년까지 계속 달을 탐사할 거라고 해.

새콤달콤 개미, 닭고기 맛 뱀고기가 미래 식량이라고?

가축의 방귀나 트림으로 배출되는 메탄가스는 지구 온난화의 한 원인이에요. 소 한 마리가 1년 동안 배출하는 메탄가스는 소형차 한 대와 같은 수준이라고 해요.

2024년 3월 17일, 미국 샌디에이고 주립대학교 연구팀은 식용 개미 4종의 맛을 연구한 결과를 발표했어요. 연구에 따르면 개미는 종류에 따라 달콤한 캐러멜 맛, 새콤한 맛, 또는 고소한 맛이 난다고 해요. 한편 같은 해 3월 14일, 호주 시드니 매콰리 대학교 연구팀은 뱀이 **성장**이 빠르고 사료가 적게 들어 훌륭한 단백질 식품이 될 수 있다고 발표했어요. 그렇다면 왜 이렇게 곤충이나 뱀을 식량으로 연구할까요?

유엔 식량농업기구는 2050년이 되면 세계 인구가 92억 명 이상이 되고 인류의 식량으로 4.5억 톤 이상의 **육류**가 필요하다고 보고했어요. 그러나 육류 생산을 위해 돼지나 소를 **사육**하는 데는 많은 사료가 필요하고, 가축이 배출하는 배설물과 메탄가스로 인한 환경 오염도 심각해요. 그래서 환경을 덜 파괴하는 '미래 식량'으로 곤충과 뱀이 연구되고 있어요.

유엔 식량농업기구는 2013년에 식용 곤충을 미래 식량 중 하나로 선정했어요. 소는 소고기 1kg을 얻는데 10kg의 사료가 들지만, 곤충은 고기 1kg을 얻는데 1.7kg의 사료면 돼요. 또한 1kg의 곤충 단백질을 얻을 때 발생하는 메탄가스는 소의 2,850분의 1이라고 해요. 곤충은 다른 고기에 비해 단백질 함량이 높아요. 이런 장점들로 곤충은 훌륭한 미래 식량으로 평가받고 있고, 이제는 뱀고기까지 연구되고 있답니다.

- **성장**(成 이룰 성, 長 길 장) 사람이나 동식물 등이 자라서 점점 커짐.
- **육류**(肉 고기 육, 類 무리 류) 먹을 수 있는 짐승의 고기 종류.
- **사육**(飼 먹일 사, 育 기를 육) 어린 가축이나 짐승이 자라도록 먹이어 기름.

 **옥 쌤의 독해 교실**

3. 세부 내용 파악하기

1 다음 중 미래 식량이 아닌 것은 무엇인가요?

① 곤충　② 뱀　③ 돼지　④ 개미

2 소고기와 비교했을 때 식용 곤충의 장점에는 어떤 것이 있는지 찾아 써 보세요.

- 키우는 데 □□가 적게 든다.
- □□□를 덜 발생시킨다.
- □□ 함량이 높다.

세 번째 문단에서 식용 곤충의 장점을 이야기하고 있어.

3 곤충이나 뱀을 식량으로 연구하게 된 이유는 무엇인가요?

① 육류를 더 이상 만들 수 없어서
② 사람들이 곤충이나 뱀을 많이 먹어서
③ 육류 생산에 많은 사료가 들고 환경 오염도 심각해져서
④ 곤충이나 뱀을 키우는 데 돈이 들지 않아서

이 기사는 미래 식량을 연구하는 이유를 알려 주고 있어.

곤충 과자, 뱀고기 피자가 있다고?

우리나라에서도 2016년부터 곤충의 한 종류인 '밀웜'을 이용해 만든 과자를 팔고 있어. 말린 밀웜을 올려 쿠키와 같은 과자를 만든 것인데 고소하고 바삭하다고 해. 또 2023년 홍콩에서는 잘게 자른 뱀고기 토핑을 올린 피자를 팔았지. 홍콩은 뱀고기가 전통 음식이기도 해서 이 피자는 생각보다 인기 있었다고 해.

과학 기술 환경

인공 지능에 빼앗긴 ○○○, 어떻게 하나요?

저작권이란 글, 그림, 음악, 영화 등을 만든 사람이 가지는 권리를 말해요. 만든 사람만이 자기 작품을 이용, 판매할 수 있는 권리이지요.

2024년, 한 가수의 노래가 인기를 끌자 유명한 다른 가수나 배우 등의 연예인들이 그 노래를 부르는 영상이 속속 올라왔어요. 그런데 이 영상들은 그 연예인이 실제로 부른 노래가 아니라 연예인의 목소리를 인공 지능 프로그램에 학습시켜 만들어 낸 것이었지요. 프로그램을 활용해 10분이면 완성할 수 있는 이러한 노래들은 큰 인기를 끌었어요.

이렇게 자기 목소리로 만들어진 인공 지능 노래를 들은 연예인들은 신기해하기도 했지만, 자신의 허락 없이 노래를 만들어 퍼뜨리는 것을 걱정하기도 했어요. 현재로서는 이런 인공 지능 노래를 막을 방법이 마땅치가 않아요. 노래의 곡이나 가사는 법에
따라 저작권 보호를 받지만, 사람의 목소리는 저작권 보호 대상이 아니거든요. 또 저작권은 '사람의 생각 또는 감정을 표현한 창작물'을 대상으로 하는데, 인공 지능 노래도 그 대상인지 판단하기 어려워요. 그래서 저작권 대신 사람의 목소리를 허락 없이 사용해 개인의 **인격**을 침해하면 안 된다는 음성권을 **적용**해야 한다는 의견도 있어요. 하지만 인공 지능 노래가 과연 인격을 침해했는가에 대한 판단도 까다롭다고 해요.

문화체육관광부와 한국저작권위원회는 2024년 중에 이런 인공 지능 저작권 문제에 대한 정책 방향을 발표할 예정이에요. 이를 통해 인공 지능에 자신의 목소리를 빼앗긴 연예인들의 권리를 보호할 **규정**이 마련되어야 해요.

- **인격**(人 사람 인, 格 격식 격) 한 사람의 권리와 가치가 인정되는 자격.
- **적용**(適 맞을 적, 用 쓸 용) 알맞게 이용하거나 맞추어 씀.
- **규정**(規 법 규, 定 정할 정) 규칙으로 정함. 또는 그 정하여 놓은 것.

옥 쌤의 독해 교실

4. 한 문장으로 정리하기

1 기사 제목의 빈 곳에 알맞은 단어는 무엇일까요?

> 인공 지능에 빼앗긴 ○○○, 어떻게 하나요?

① 일자리　② 연예인　③ 목소리　④ 방송국

기사에서 반복적으로 나오는 단어를 제목에 사용하기도 해.

2 글쓴이의 생각을 한 문장으로 바르게 정리한 것을 고르세요.

① 인공 지능에 의해 목소리를 빼앗긴 연예인의 권리를 보호할 수 있는 규정이 마련되어야 한다.
② 인공 지능으로 노래를 만드는 것은 전혀 문제가 되지 않는다.
③ 인공 지능 노래를 걱정하는 사람은 거의 없다.
④ 사람의 목소리는 허락 없이 사용해도 괜찮다.

글쓴이의 생각은 글의 시작이나 마지막에 나타나는 경우가 많아.

인공 지능, 이제 목소리도 만든다!

인공 지능 노래가 실제 목소리 주인의 권리를 침해하는 문제에 대한 우려가 높아지고 있어. 그러자 이제는 인공 지능으로 새로운 목소리를 만들어 내는 기술이 연구되고 있어. 어떤 사람의 목소리를 그대로 쓰는 게 아니라 인공 지능으로 세상에 없는 목소리를 만들어 내는 것이지. 이제 우리는 인공 지능만의 목소리로 부르는 노래를 듣게 될 수도 있어.

과학 기술 환경

○○○○ 지구, ○○○○ 꿀벌들

꿀벌은 하루에 20회 이상 꿀을 모으기 위해 꽃을 찾아 날아가요. 한 번에 최대 200송이의 꽃을 찾아서 자기 몸무게 절반 정도의 꿀을 모아 온다고 해요.

지구는 점점 더워지고 있어요. 석유나 석탄을 사용하면 나오는 이산화 탄소나 메탄가스가 지구를 둘러싸 지구의 온도가 올라가는 '지구 온난화'가 일어나고 있거든요. 그리고 이 지구 온난화 때문에 꿀벌이 죽어 가고 있어요.

2024년 3월 26일, 미국 워싱턴 주립대학교 연구팀은 지구 온난화로 가을이 길어지고 겨울이 따뜻해지자 꿀벌들이 빨리 죽는다는 연구 결과를 발표했어요. 꿀벌은 낮 기온이 10도를 넘으면 꽃을 찾아 꿀을 모으고, 추운 겨울  에는 벌집에서 겨울잠을 자며 쉬지요. 그런데 지구 온난화로 꽃이 피는 기간이 길어지자 꿀벌은 쉬지 못하고 꽃을 찾아 날아다니게 되었어요. 그렇게 일을 너무 많이 하던 꿀벌들은 결국 **과로사**하게 되었다는 거예요. 연구팀은 지구 온난화가 계속되면 2100년에는 사실상 꿀벌들이 사라질 거라고 했어요. 이를 막으려면 일정 기간 동안 벌집을 겨울처럼 낮은 온도의 장소에 두어서 꿀벌이 겨울잠을 잘 수 있게 해야 한다고 해요.

그러면 꿀벌이 사라지지 않게 하기 위해 우리가 할 수 있는 일은 무엇일까요? 그것은 지구 온난화가 더 심해지지 않도록 환경 오염을 막는 일이에요. 석유나 석탄 대신 **태양열** 같은 **친환경** 에너지 사용을 늘리고, 이산화 탄소 발생을 줄이기 위해 나무를 많이 심고 숲을 보호해야 해요. 환경을 보호하기 위한 이런 노력들이 꿀벌을 지키는 데 도움이 될 수 있어요.

- **과로사**(過 지나칠 과, 勞 수고로울 로, 死 죽을 사) 지나치게 일하여 생긴 병으로 목숨을 잃음.
- **태양열**(太 클 태, 陽 볕 양, 熱 더울 열) 태양에서 나와 지구에 도달하는 열.
- **친환경**(親 친할 친, 環 고리 환, 境 지경 경) 자연환경을 오염하지 않고 자연 그대로의 환경과 잘 어울리는 일.

정답 및 해설 163쪽

 옥 쌤의 독해 교실

4. 한 문장으로 정리하기

1 기사 제목의 빈 곳에 들어갈 단어로 알맞게 짝 지어진 것은 무엇인가요?

> ○○○○ 지구, ○○○○ 꿀벌들

① 아름다운, 부지런한
② 꽃이 피는, 잠을 자는
③ 추워지는, 늘어나는
④ 더워지는, 사라지는

제목만 보고도 글의 내용을 짐작할 수 있어야 해.

2 지구 온난화로 인해 꿀벌이 사라지는 이유를 순서대로 정리하려고 합니다. 빈 곳에 알맞은 기호를 써 보세요.

> ㉠ 꿀벌은 쉬지 못하고 꽃을 찾아 날아다닌다.
> ㉡ 꿀벌들은 결국 과로사한다.
> ㉢ 꽃이 피는 기간이 길어진다.

지구 온난화 → (　　) → (　　) → (　　) → 꿀벌이 사라진다.

원인과 결과를 생각하면서 내용을 정리하면 기억에 오래 남아.

꿀벌이 사라지면 인류도 사라진다고?

아인슈타인이 "꿀벌이 사라지면 4년 내 인류도 사라질 것이다."라고 말했다고 해. 아인슈타인이 실제로 이 말을 했는지는 논란이 있지만 꿀벌이 우리 삶에 큰 영향을 미친다는 점은 분명하지. 꿀벌이 사라지면 열매를 맺지 못하는 식물이 많아져. 그러면 식물을 먹는 동물부터 시작해 그 동물을 먹는 동물들 모두 굶어 죽는 일이 일어날 수도 있어.

나는 식물이 열매를 맺을 수 있도록 도와줘.

과학 기술 환경

공룡이 원숭이만큼 똑똑했다고? 사실은 악어와 비슷

공룡은 지금으로부터 약 2억 년 전에 지구에 나타나 6,600만 년 전에 멸종했어요. 그래서 지금은 실제 모습을 볼 수 없어요.

공룡이 나오는 영화를 본 적이 있나요? 영화 속 공룡들은 협력하여 사냥하고, 먹잇감이 어디로 갈지 예측하는 등 똑똑하게 그려지지요. 과학자들은 실제로 공룡이 그렇게 똑똑했을지 오랫동안 연구해 왔어요. 2023년에는 티라노사우루스 같은 공룡이 원숭이와 비슷한 지능을 가졌을 가능성이 있다는 연구 결과가 발표되었지요. 그러나 사실 공룡의 지능이 그리 높지 않다는 새 연구 결과도 발표되었어요.

2024년 4월 30일, 영국 브리스톨대학교와 독일 하인리히 하이네대학교 등 국제 공동 연구팀은 공룡의 뇌 크기와 구조를 연구한 결과를 발표했어요. 연구에 따르면 공룡의 지능은 악어 같은 파충류 정도였을 거라고 해요.  연구팀은 공룡의 지능을 뇌의 크기와 뇌신경 세포 수로만 판단했던 기존의 연구가 잘못됐다고 지적했어요. 그리고 공룡의 뇌와 몸의 비율 등을 함께 분석한 결과, 공룡의 지능이 알려진 것보다 낮다는 것을 발견했지요. 연구팀은 "뇌신경 세포 수만으로 멸종된 생물의 지능을 예측하는 것은 좋은 방법이 아니다."라고 하면서, 화석을 통한 몸 구조 분석과 현재 살아 있는 친척의 행동 등 여러 자료를 종합적으로 살펴보아야 한다고 제안했어요.

이번 연구 결과를 통해 공룡의 지능은 원숭이보다 악어에 가까웠을 가능성이 높다는 사실이 밝혀졌고, 실제 공룡의 삶은 영화 속 모습과는 많이 달랐을 것이라 짐작돼요.

- **지능**(知 알 지, 能 능할 능) 머리를 쓰는 일을 얼마나 잘하느냐에 따라 정해지는 적응 능력.
- **파충류**(爬 긁을 파, 蟲 벌레 충, 類 무리 류) 뱀, 악어처럼 온몸이 비늘로 덮여 있고, 주위의 온도에 따라 체온이 변하며 알을 낳는 동물.
- **멸종**(滅 멸망할 멸, 種 씨 종) 생물의 한 종류가 아주 없어짐.

생각 넓히기

1. 적용 및 추론하기

1 기사를 통해 추론할 수 있는 내용으로 옳은 것을 고르세요.

① 공룡은 도구를 사용해서 사냥했을 것이다.
② 파충류는 원숭이보다 똑똑할 것이다.
③ 독일에는 살아 있는 공룡이 있을 것이다.
④ 공룡은 악어와 비슷한 방식으로 사냥했을 것이다.

추론이란 기사의 내용을 근거로 삼아 다른 판단을 이끌어 내는 것을 말해.

2 2023년에 공룡이 원숭이와 비슷한 지능을 가졌을 가능성이 있다는 연구 결과가 발표되었어요. 이 연구에서는 공룡의 지능을 어떻게 조사했을까요?

① 화석을 통해 몸 구조를 분석했다.
② 현재 살아 있는 친척의 행동을 살펴보았다.
③ 뇌의 크기와 뇌신경 세포 수로 지능을 판단했다.
④ 공룡의 뇌와 몸의 비율을 함께 분석했다.

2023년과 2024년에 발표된 연구 결과가 어떻게 다른지 잘 살펴봐.

지식 쏙쏙

영화 속 공룡 '랩터'가 깃털이 달린 새의 모습을 하고 있었다고?

영화 속 공룡이 실제보다 똑똑하게 그려진 것처럼 영화 속 공룡의 모습도 실제와는 달라. 영화에서 포악한 공룡으로 나온 '랩터'의 실제 모델인 '벨로시랩터'는 영화에서 그려진 것보다 훨씬 작고 몸에 깃털이 있는 새의 모습으로 추측돼. 그러나 영화에서는 비늘로 덮인 커다란 도마뱀 같은 모습으로 그려졌지.

과학 기술 환경

'빵! 빵!' 교통 소음이 새에게 미치는 영향은?

사람들이 모여 사는 도시는 어디에서나 교통 소음이 끊이지 않아요. 많은 사람이 이로 인해 고통받고 있지요. 이 소음은 다른 생물들에게도 피해를 준다고 해요.

도시에서 발생하는 자동차나 기차, 지하철 등의 교통 소음이 새들에게 나쁜 영향을 미친다는 연구 결과가 발표되었어요.

2024년 4월 25일, 호주 디킨대학교 연구팀은 교통 소음이 새의 알과 새끼 새에게 어떤 영향을 미치는지 연구한 결과를 과학 주간지 『사이언스』에 실었어요. 연구팀은 호주에 사는 얼룩말핀치새의 알에 녹음된 교통 소음을 들려주며 실험을 진행했어요. 그랬더니 교통 소음을 들려준 알은 아무 소리도 들려주지 않은 알이나 얼룩말핀치새의 소리를 들려준 알에 비해 20% 적게 **부화**했어요. 그리고 연구팀은 태어난 새끼 새들에게도 하루 4시간씩 13일 동안 교통 소음을 들려주며 자라는 모습을 관찰했어요. 그 결과 교통 소음을 들으며 자란 새끼 새들은 그렇지 않은 새끼 새들에 비해 크기가 10% 더 작았고, 무게도 15% 더 가벼웠어요. 건강에도 나쁜 영향을 받았지요. 연구팀이 이 새끼 새들의 **성장**을 계속 관찰한 결과, 다 자란 뒤에도 다른 새들보다 새끼를 50% 적게 가졌다고 해요.

이 실험을 통해 교통 소음이 새의 부화와 성장, **번식**에 나쁜 영향을 미친다는 사실이 밝혀졌어요. 연구팀은 새들이 소리와 진동에 민감하게 반응하기 때문에 이런 결과가 나타난 것으로 분석했어요. 연구팀은 연구 결과를 발표하며 인간과 동물 모두를 위해 교통 소음을 줄이는 방법을 찾아 줄 것을 당부했어요.

- **부화**(孵 알깔 부, 化 될 화) 알 속에서 새끼가 껍데기를 깨고 밖으로 나옴.
- **성장**(成 이룰 성, 長 길 장) 사람이나 동식물 등이 자라서 점점 커짐.
- **번식**(繁 많을 번, 殖 번성할 식) 붙고 늘어서 많이 퍼짐.

생각 넓히기

1. 적용 및 추론하기

1 디킨대학교 연구팀이 발표한 연구 결과에서 단서가 된 내용에는 '단', 추론의 결과에는 '추'라고 써 보세요.

단서가 많을수록 추론을 더 정확하게 할 수 있어.

- 교통 소음을 들려준 얼룩말핀치새의 알은 다른 알에 비해 20% 적게 부화했다. (   )
- 교통 소음을 들으며 자란 얼룩말핀치새의 새끼 새들은 다른 새끼 새들에 비해 크기가 10% 더 작았다. (   )
- 교통 소음을 들으며 자란 얼룩말핀치새는 다른 새들보다 새끼를 50% 적게 가졌다. (   )
- 교통 소음이 새의 부화와 성장, 번식에 나쁜 영향을 미친다. (   )

2 강낭콩과 물에 적신 솜으로 실험한 기록입니다. 기록을 보고 바르게 추론한 것을 고르세요.

1번 접시와 2번 접시의 다른 점을 비교해 봐.

> 접시 2개를 준비했어요.
> 1번 접시에는 물에 적신 솜에 강낭콩을 올려놓고, 2번 접시에는 물에 적시지 않은 솜에 강낭콩을 올려놓았어요. 며칠 뒤 1번 접시의 강낭콩에서만 싹이 텄어요.

① 강낭콩은 따뜻한 곳에서만 싹이 틀 것이다.
② 접시가 아닌 화분에서는 싹이 트지 않을 것이다.
③ 강낭콩에 물을 줘야 싹이 틀 것이다.
④ 2번 접시의 강낭콩은 물을 줘도 싹이 트지 않을 것이다.

지식 쏙쏙

소음이 동물들에게 미치는 영향

사람이 일으키는 소음이 동물에게 미치는 영향은 이뿐만이 아니야. 다른 연구에 따르면 소음은 박쥐의 사냥을 방해한다고 해. 또한 공항 근처에 사는 새들은 비행기 소음 때문에 귀가 잘 들리지 않게 되었지. 그리고 바다 가운데 떠 있는 배의 소음도 고래 등 해양 생물에게 해를 끼치고 그들의 목숨까지 위협하고 있어.

과학 기술 환경

세계는 플라스틱 포장과 전쟁 중! 플라스틱 대신 이런 건?

플라스틱 사용을 줄이기 위해 유럽 연합, 스페인 등에서는 플라스틱 제품에 세금을 부과하기도 해요. 미국과 캐나다는 농산물의 플라스틱 포장을 막는 정책을 펴고 있어요.

2024년 1월, 국제 환경 보호 단체인 그린피스가 일반인 2,084명을 대상으로 조사한 결과, 이들이 일주일 동안 버리는 일회용 플라스틱이 총 8만 6,055개로, 1명당 40개가 넘는다는 사실이 밝혀졌어요. 이렇게 엄청나게 버려지는 일회용 플라스틱 중에서 가장 많은 것은 식품 포장 플라스틱으로 전체의 78.3%를 차지했지요.

이와 같은 일회용 플라스틱 쓰레기 문제는 전 세계적인 문제예요. 2023년 4월 유엔 환경계획(UNEP)은 매년 4억 3,000만 톤 이상의 플라스틱이 생산되며 그중 3분의 2가 쓰레기로 바다에 버려진다고 발표했어요. 이런 플라스틱 쓰레기는 썩지 않고 바다를 오염시켜 바닷속 동식물뿐만 아니라 인간에게도 큰 피해를 주지요.

그래서 세계 여러 나라는 플라스틱을 줄이기 위해 노력하고 있어요. 특히 가장 문제가 되는 플라스틱 포장을 대체하는 방법들을 내놓았지요. 우리나라의 한 기업은 '프로테고'라는 특수 종이 포장재를 개발했어요. 이것은 비닐처럼 수분과 냄새를 막아 주고 사용 후에는 종이 원료로 재활용이 가능해요. 또 오스트리아의 한 포장 회사는 너도밤나무에서 뽑아낸 원료로 만든 그물망을 개발했는데, 이 그물망은 시간이 지나면 자연적으로 분해되어요. 이처럼 플라스틱을 대신해 자연적으로 분해되는 원료로 포장재를 만들어 환경을 보호하려는 노력은 계속되고 있어요.

- **포장재**(包 쌀 포, 裝 꾸밀 장, 材 재료 재) 공업 제품이나 농산물 등을 포장하는 데 쓰는 재료.
- **원료**(原 근원 원, 料 재료 료) 어떤 물건을 만드는 데 들어가는 재료.
- **분해**(分 나눌 분, 解 풀 해) 여러 부분이 결합되어 이루어진 것을 그 낱낱으로 나눔.

2. 나의 생각 정리하기

1 기사를 읽고 '이미 알고 있던 내용'과 '새로 알게 된 내용'을 구분해 기호를 써 보세요.

> ㉠ 사람들이 일회용 플라스틱을 많이 사용한다.
> ㉡ 일주일 동안 버리는 일회용 플라스틱이 1명당 40개가 넘는다.
> ㉢ 버려진 플라스틱 쓰레기는 바다를 오염시킨다.
> ㉣ 버려진 플라스틱 중 가장 많은 것은 식품 포장 플라스틱이다.
> ㉤ 우리나라의 한 기업은 '프로테고'라는 포장재를 개발했다.

기사를 읽고 새로 알게 된 사실을 정리해 봐.

이미 알고 있던 내용	새로 알게 된 내용

2 내가 실천할 수 있는 환경 보호 방법을 생각해 보세요.

기사를 읽고 든 생각을 생활 속에서 실천해 볼까?

플라스틱 쓰레기, 결국 사람에게 돌아와요!

바다에 버려진 플라스틱 쓰레기는 잘게 부서져 미세 플라스틱이 돼. 이 미세 플라스틱을 물고기들이 먹고, 우리는 그 물고기를 잡아먹지. 결국 우리가 버린 플라스틱이 다시 우리에게 돌아오는 거야. 미세 플라스틱은 사람에게 각종 질병을 일으키는 원인이 돼. 그래서 환경과 동식물을 위해서뿐만 아니라 우리 자신을 위해서라도 플라스틱 사용을 줄여야 해.

과학 기술 환경

지구 행복 지수 76위 한국, 문제는 탄소 배출량!

지구 온난화란 지구의 평균 기온이 올라가는 현상을 말해요. 이 현상이 나타나는 이유는 지구를 둘러싼 온실가스가 지구를 온실처럼 만들기 때문이에요. 온실가스 중에서 탄소의 양이 가장 많다고 해요.

지구의 사람들은 지금 얼마나 행복할까요? 2024년 5월 2일, 독일의 연구팀은 2021년 유엔(UN) 인구국 조사를 바탕으로 '지구 행복 지수' 순위를 발표했어요. 이 지수는 각 나라 사람들이 평가한 **행복도**에 **기대 수명**을 곱한 뒤 이를 1인당 배출하는 탄소량으로 나눠 계산해요. 행복하다고 느끼고 오래 살 가능성이 높을수록 지수가 높아지지만, 탄소를 많이 배출할수록 지수는 떨어져요. 이렇게 탄소 배출량을 계산에 넣은 이유는 탄소 배출이 환경을 오염시켜 지구 온난화를 일으키고, 지구 온난화가 일어난 환경에서는 사람들이 오래 행복하기 어렵기 때문이에요.

이번에 발표된 지구 행복 지수에 따르면 한국은 147개국 중 76위를 차지했어요. 기대 수명은 83.7세, 행복도는 6.1점, 탄소 배출량은 14.39톤으로, 100점 만점에 총 38점을 받았지요. 다른 나라에 비해 한국의 기대 수명과 행복도는 높게 나왔지만, 탄소 배출량이 지나치게 많았어요. 탄소 배출량 경고 기준이 3.17톤인데 한국은 그보다 네 배가 넘는 수치였어요.  보통 탄소 배출량이 많은 국가에서 기대 수명과 행복도가 높게 나타나지만, 코스타리카처럼 탄소를 적게 배출하면서 행복하게 사는 국가도 있어요. 연구팀은 "인류는 지구를 **희생**하지 않아도 행복한 삶을 누릴 수 있다."라고 말했어요. 우리도 더 행복한 삶을 위해 탄소 배출량을 줄이는 일에 힘써야 해요.

- **행복도**(幸 다행 행, 福 복 복, 度 정도 도) 행복감을 느끼는 정도.
- **기대 수명**(期 기약할 기, 待 기다릴 대, 壽 목숨 수, 命 목숨 명) 인간이 태어나서 앞으로 살아 있을 것으로 기대되는 평균 생존 연수.
- **희생**(犧 희생 희, 牲 희생 생) 무엇을 위해 자신의 목숨, 재산, 이익 등을 바치거나 버림.

 생각 넓히기

2. 나의 생각 정리하기

1 나를 행복하게 하는 것 2가지와 그때의 기억을 써 보세요.

순서	행복하게 하는 것	기억
예	가족	내가 피구 대회에서 졌을 때 가족들이 위로를 해 주고 꼭 안아 주었다.
1		
2		

사람마다 행복의 기준은 달라. 내가 생각하는 행복의 기준은 무엇일까?

2 지구 행복 지수를 이용하여 초등학생 행복 지수의 계산식을 만들어 보세요.

예 (지구 행복 지수)
  =(행복도)×(기대 수명)÷(1인당 탄소 배출량)
  (초등학생 행복 지수)
  =(행복도)×(친구들과 노는 시간)÷(혼나는 시간)

행복하게 하는 것은 곱하는 곳에, 행복하지 않게 하는 것은 나누는 곳에 써 봐.

(초등학생 행복 지수)
=(행복도)×(　　　　　)÷(　　　　　　)

우리 함께 탄소 발자국을 줄여요!

우리가 일상생활에서 배출하는 탄소의 양을 '탄소 발자국'이라고 해. 지구 온난화를 일으키는 탄소를 줄이기 위해 우리가 생활 속에서 실천할 수 있는 방법이 있지. 승용차보다는 대중교통을 이용하고, 장을 볼 때는 장바구니를 사용하는 거야. 가전제품의 플러그를 뽑아 두고, 샤워 시간을 줄이며, 빨래를 모아서 하는 것도 도움이 돼.

옥 쌤의 쏙쏙 어휘

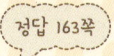

- **인공 지능**: 사람처럼 학습하고 생각할 수 있는 기능을 갖춘 컴퓨터 시스템
- **종말**: 계속된 일이나 상태의 맨 끝
- **멸종**: 생물의 한 종류가 아주 없어짐
- **친환경**: 자연을 오염하지 않고 자연환경과 잘 어울리는 일
- **지구 온난화**: 지구의 기온이 높아지는 현상

(사람처럼 학습하고 생각할 수 있는 기능을 갖춘 컴퓨터 시스템) 프로그램이 환경 오염과 (지구의 기온이 높아지는 현상) 등으로 인해 지구가 (계속된 일이나 상태의 맨 끝)을/를 맞이할 수 있다고 경고했어요. 이는 곧 지구에 살고 있는 모든 생명이 (생물의 한 종류가 아주 없어짐)할 수 있다는 뜻이에요. 이를 막기 위해 우리는 (자연을 오염하지 않고 자연환경과 잘 어울리는 일) 에너지를 사용하려고 노력해야 해요.

★ 위의 문장을 알맞은 어휘를 사용하여 바꾸어 볼까요?

_____ 프로그램이 환경 오염과 _____ 등으로 인해 지구가 _____을/를 맞이할 수 있다고 경고했어요. 이는 곧 지구에 살고 있는 모든 생명이 _____할 수 있다는 뜻이에요. 이를 막기 위해 우리는 _____ 에너지를 사용하려고 노력해야 해요.

팽팽 토론

'2023 대한민국 공익 광고제'에서 대상을 받은 「멸종 위기 1급, 대한민국」이라는 작품이 인공 지능으로 만든 것이라는 사실이 알려지면서 논란이 일고 있어요. 여러분은 이에 대해 어떻게 생각하나요?

인공 지능이 만든 작품에 상을 줘도 될까? 아니면 상을 주면 안 될까?

저는 인공 지능이 만든 작품에 상을 줘도 된다고 생각해요.

왜냐하면 인공 지능을 사용해도 작품에 담긴 상상력은 사람에게서 나왔기 때문이에요. 사람의 상상력이 없다면 인공 지능은 멋진 작품을 만들지 못할 거예요.

저는 인공 지능이 만든 작품에 상을 주면 안 된다고 생각해요.

왜냐하면 인공 지능은 우리처럼 생각하거나 느끼는 감정이 없기 때문이에요. 그래서 작품을 만들 때 우리가 가진 창의성과 감정을 담지 못할 거예요.

저는 _____

왜냐하면 _____

2024년 4월 21일, 과학의 날을 맞아 국립중앙과학관을 방문했어. 과학관에는 미래기술관, 과학기술관, 사이언스홀, 자연사관 등 다양한 볼거리가 가득했지. 가장 신기했던 것은 과학관 주변을 어슬렁거리는 로봇 개였어. 이 로봇은 마치 진짜 강아지처럼 자연스럽게 걷는 것은 물론, 계단도 쉽게 올라갈 수 있었어.

2장
사회·정치 이슈

저출산   노○○존   선거

직업   백과사전

유튜브 중독   디지털 디톡스

사회 정치

✔ 백과사전이 틀리면 어쩌나요?

백과사전이란 학문, 예술, 문화, 사회, 경제 등 과학과 자연, 인간의 활동에 관한 모든 지식을 정리하여 설명한 책을 말해요.

2022년, 우리나라의 한 초등학생이 영국의 '브리태니커' 백과사전의 틀린 내용을 지적해 고치게 한 일이 있었어요. 세계 최초의 금속 **활자**는 우리나라 고려 시대의 『직지심체요절』을 펴내는 데 쓰인 것인데, 독일의 구텐베르크가 처음 만들었다는 잘못된 내용이 실려 있었거든요. 이를 발견해 고치도록 한 초등학생은 많은 칭찬을 받았지만, 유명한 백과사전에 이렇게 크게 틀린 내용이 실려 있었다는 사실에 많은 사람은 충격을 받았어요.

2024년 1월, 러시아의 인터넷 백과사전 '루비키'가 독도를 '한국과 일본의 영토 분쟁 지역'이라고 소개한 사실이 발견되었어요. 영토 분쟁 지역은 어느 나라 땅인지를 두고 두 나라가 다투는 곳이라는 뜻이에요. 하지만 독도는 우리나라 땅이므로 이는 완전히 잘못된 내용이지요.

이를 발견한 전문가는 루비키에 바르게 고쳐 달라고 **항의**하는 이메일을 보냈어요. 이 전문가는 2023년에는 중국의 인터넷 백과사전 '바이두'가 윤동주 시인과 안중근 **의사**를 '중국 국적 조선족'으로 소개한 내용을 발견해 항의하기도 했어요. 그 결과 바이두에서 윤동주와 안중근이 조선족이라는 부분은 삭제되었지만, 국적은 여전히 중국으로 잘못 나와 있어요.

이처럼 인터넷 백과사전의 틀린 내용은 해외뿐만 아니라 우리나라에서도 자주 발견되고 있어요. 인터넷 백과사전은 누구나 정보를 만들어 올릴 수 있기 때문이지요. 하지만 많은 사람이 믿고 이용할 수 있도록 틀린 내용을 바로잡아야 한다는 목소리가 높아지고 있어요.

- **활자**(活 활판 활, 字 글자 자) 네모기둥 모양의 금속 윗면에 문자나 기호를 볼록 튀어나오게 새긴 것.
- **항의**(抗 대항할 항, 議 의견 의) 못마땅한 생각이나 반대의 뜻을 주장함.
- **의사**(義 의로울 의, 士 선비 사) 나라를 위해 몸을 바쳐 정의롭게 일하려는 뜻을 가진 사람.

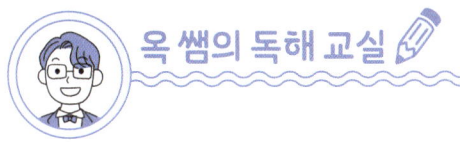

1. 주요 단어 살펴보기

1 다음 의미에 맞는 단어를 보기에서 찾아 기호를 써 보세요.

> 어려운 단어라도 쉽게 풀어 설명할 수 있어야 해.

<보기> ㉠ 국적   ㉡ 분쟁 지역   ㉢ 백과사전

- 인간의 모든 지식을 담고 있는 책 (   )
- 다른 나라나 민족끼리 서로 다투고 있는 곳 (   )
- 한 나라의 구성원이 되는 자격 (   )

2 '틀리다'와 '다르다'의 뜻을 살펴보고 알맞은 말에 ○표 하세요.

> '틀리다'와 '다르다'는 의미가 서로 달라.

틀리다: 정답이나 사실이 아니다.
다르다: 같지 않다.

- 나와 친구는 좋아하는 동물이 서로 (틀리다 / 다르다).
- 책에서 (틀린 / 다른) 내용을 바로잡았다.

3 '어떤 의견이나 주장'을 뜻하는 단어를 기사에서 찾아 □ 안에 써 보세요.

□□ 가 높아지고 있다.

'김치'는 우리나라의 전통 음식!

인터넷 백과사전에는 '김치'에 대한 틀린 정보가 많아. 중국의 바이두에서는 김치를 중국 전통 음식으로 오해할 수 있는 내용이 발견되어 항의를 받았어. 또 영국의 브리태니커에서도 김치를 한국과 중국 공동의 전통 음식으로 설명한 내용이 발견되기도 했지. 전문가들은 이런 내용이 발견될 때마다 수정하도록 요구하고 있어.

사회 정치

✓ 미국은 대통령을 이렇게 뽑아요!

선거에는 직접 선거와 간접 선거가 있어요. 선거인이 직접 대표를 뽑는 것이 직접 선거이고, 선거인이 중간 선거인을 뽑은 후 그들이 대표를 뽑는 것이 간접 선거예요.

여러분은 학교에서 학생회장을 뽑는 선거에 참여해 본 적이 있나요? 전교생이 한 표씩 자기가 뽑고 싶은 **후보**에게 투표하고, 가장 많은 표를 받은 후보가 학생회장이 되지요. 우리나라 대통령 선거도 이와 같아요. 18세 이상인 국민이 한 표씩 투표하고, 가장 많은 표를 받은 후보가 대통령에 **당선**돼요.

하지만 미국의 대통령 선거는 이와 달라요. 미국은 50개의 주로 이루어져 있는데, 각 주마다 '**선거인**단'을 뽑고, 이 선거인단이 대통령을 뽑아요. 즉, 미국 국민은 대통령을 직접 뽑는 것이 아니라 대통령을 뽑을 선거인단을 뽑지요. 선거인단 수는 각 주의 인구에 따라 정해지는데, 인구가 많은 캘리포니아주는

미국의 50개 주

55명, 인구가 적은 알래스카주는 3명이에요. 미국 선거인단은 총 538명이며, 대통령이 되려면 반이 넘는 270명 이상의 표를 얻어야 하지요.

특이한 점은 각 주별로 표를 한 표라도 더 받은 대통령 후보가 전체 선거인단을 모두 가져간다는 점이에요. 예를 들어, 캘리포니아주에서 1번 후보가 28표, 2번 후보가 27표를 받으면, 55명의 선거인단은 모두 1번 후보의 것이 되지요. 이 제도 때문에 실제 총 득표수는 더 많아도 선거인단 수가 적어서 대통령 선거에서 지는 경우도 생겨요.

2024년 11월, 미국에서 새로운 대통령을 뽑는 선거가 치러져요. 미국 대통령 선거의 특징을 생각하며 함께 지켜보아요.

- **후보**(候 기다릴 후, 補 채울 보) 선거에서 뽑히려고 일정한 자격을 갖추어 나선 사람.
- **당선**(當 당할 당, 選 뽑을 선) 선거에서 뽑힘.
- **선거인**(選 뽑을 선, 擧 들 거, 人 사람 인) 투표할 자격을 가진 사람.

정답 및 해설 164쪽

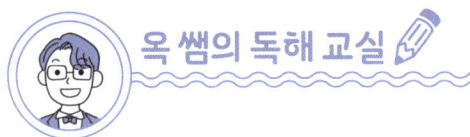 옥 쌤의 독해 교실

1. 주요 단어 살펴보기

1 기사에서 한 나라를 대표하는 사람을 의미하는 단어를 찾아 써 보세요.

☐☐☐

> 기사에서는 보통 중요한 단어를 사용해 제목을 지어.

2 선거와 관련된 단어와 그 뜻을 선으로 알맞게 이어 보세요.

후보 •   • 주의 대표로 대통령 후보에게 표를 줄 사람들

선거인단 •   • 선거에서 뽑힘

선거 •   • 선거할 때 자신의 의견을 기록하는 쪽지

당선 •   • 선거에서 뽑히려고 일정한 자격을 갖추어 나선 사람

표 •   • 집단의 대표를 뽑는 일

> 문장에서 단어가 어떻게 사용되었는지 살펴보면 뜻을 알 수 있어.

지식 쏙쏙

미국은 왜 선거를 이렇게 어렵게 할까?

미국도 우리나라처럼 국민 모두가 직접 한 표씩 투표하면 되는데 왜 선거인단을 뽑아서 어렵게 하는 걸까? 여러 주로 이루어진 미국이 우리나라처럼 투표하면 인구가 많은 주의 의견만 반영될 위험이 있어. 그래서 인구가 적은 주의 의견도 공평하게 반영하기 위해 지금과 같은 선거 제도를 만든 거야.

> 우리가 ○○주의 대표로 대통령을 뽑아.

45

사회 정치

✔ 유튜브 사용 시간 세계 1위 한국, 월평균 40시간이나?

유튜브 '쇼츠'에서 제공하는 것처럼 짧은 동영상을 '숏폼'이라고 해요. 숏폼을 제공하는 서비스로는 유튜브 '쇼츠' 말고도 '틱톡', 인스타그램 '릴스' 등이 있어요.

지하철에서도 음식점에서도 우리나라 사람들은 고개를 숙이고 스마트폰 속 영상을 보고 있어요. 대부분 유튜브 영상이지요. 이렇게 유튜브에 푹 빠져 있는 우리나라는 결국 유튜브 사용 시간 세계 1위를 했어요.

2024년 3월의 조사에 따르면 우리나라 사람 1인당 유튜브 사용 시간이 월평균 40시간으로 세계 1위라고 해요. 세계 평균은 23시간 정도인데, 유독 우리나라가 이렇게 유튜브를 많이 사용하는 이유는 무엇일까요?

전문가들은 유튜브의 '쇼츠' 인기를 원인으로 들었어요. 쇼츠는 1분도 채 되지 않는 동영상으로 재미있는 내용을 **핵심**만 보여 줘 큰 인기를 끌었어요. 쇼츠가 나오자 유튜브 사용 시간이 늘어 월평균 40시간이라는 기록까지 세우게 되었지요.

또한 우리나라 사람들은 필요한 정보도 유튜브에서 찾고 있어요. 2024년 2월의 조사에 따르면, **검색** 서비스 이용에서 유튜브가 79.9%로 2위를 차지했어요. 1위는 네이버(87%)였지만, 세계 검색 서비스 1위인 구글(65.8%)보다 높은 순위였지요.

이렇게 우리나라 사람들은 유튜브에 푹 빠져 있어요. 하지만 유튜브에는 가짜 정보가 많아서 문제가 되고 있어요. 또 보는 사람의 관심에 맞춘 영상이 계속 이어져 영상을 끊지 못하고 보게 되는 **중독**을 일으키기도 해요. 유튜브 사용 시간 세계 1위인 한국, 이제는 유튜브가 일으키는 문제에도 관심을 가져야 해요.

- **핵심**(核 씨 핵, 心 중심 심) 사물의 가장 중심이 되는 부분.
- **검색**(檢 검색할 검, 索 찾을 색) 책이나 컴퓨터에서, 목적에 따라 필요한 자료들을 찾아내는 일.
- **중독**(中 가운데 중, 毒 독 독) 무언가에 깊이 빠져 정상적으로 판단할 수 없는 상태.

 옥 쌤의 독해 교실

2. 중심 문장 파악하기

1 기사에서 중요하다고 생각되는 단어 3개를 찾아 ○표 하세요.

> 지하철　유튜브　사용 시간　음식점
> 서비스　재미　고개　세계 1위

중요한 단어일수록 글에서 자주 사용돼.

2 글쓴이가 기사를 쓴 이유는 무엇인가요?

① 사람들에게 감사하려고
② 사람들을 웃기려고
③ 사람들을 축하하려고
④ 사람들에게 문제를 알리려고

기사에는 항상 글쓴이가 사람들에게 전하고 싶은 말이 있어.

3 기사의 중심 문장을 정리한 것입니다. 위 1번 문제에서 찾은 단어를 사용하여 문장을 완성해 보세요.

유튜브 사용 시간 ☐☐　☐☐ 인 한국,

이제는 유튜브가 일으키는 문제에도 관심을 가져야 한다.

중심 문장은 글의 처음이나 마지막에 쓰인 경우가 많아.

쇼츠에 중독되면 '팝콘 브레인' 된다!

유튜브 쇼츠와 같은 짧은 동영상 시청에 중독되면 '팝콘 브레인'이라는 부작용이 생길 수 있어. 팝콘 브레인은 옥수수 알갱이가 열을 받아야만 톡 터져서 팝콘이 되듯이 뇌가 강한 자극에만 반응하고 일상생활에는 흥미를 잃게 되는 것을 말해. 팝콘 브레인을 막으려면 일정 시청 시간을 정해 두고 쇼츠를 보는 게 좋아.

사회 정치

✔ 입학식 못한 초등학교 전국 157곳, "신입생이 없어요."

현재 우리나라는 저출산 문제로 큰 위기에 처해 있어요. 저출산이 계속되면 젊은 인구는 줄어들고 노인 인구는 늘어나면서 사회에 다양한 문제가 발생할 수 있어요.

㉠ 2024년 3월 4일, 대구시 군위군의 한 초등학교에서 입학식이 열렸어요. 그런데 입학식장에 들어온 신입생은 여자아이 한 명뿐이었어요. 그래도 신입생이 한 명이라도 있어 입학식을 치를 수 있었던 이 학교는 그나마 나은 편이에요. 2024년 3월, 많은 초등학교가 신입생이 없어 입학식을 치르지 못했거든요.

㉡ 2024년 2월 26일, 교육부는 "올 3월 입학 예정인 신입생이 없는 초등학교는 지난 20일 기준 전국 157곳 정도 된다."라고 밝혔어요. 이는 전국 6,163개 초등학교 중 약 2.5%에 해당해요. 지역별로는 전북이 34곳으로 가장 많았고, 경북 27곳, 강원 25곳 등의 순이었어요. 서울, 광주, 대전, 울산, 세종은 한 곳도 없었지만, 인천, 대구, 부산에는 각각 5곳, 3곳, 1곳이 있었지요.

㉢ 이렇게 초등학교에 신입생이 없는 문제는 점점 더 심해질 것 같아요. 2024년 초등학교 신입생 수가 작년보다 3만 명이 넘게 줄어들어 사상 최초로 30만 명대까지 떨어졌어요. 그런데 2026년에는 20만 명대까지 줄어든다고 해요. 이는 낮은 출생률이 원인이지요. 아이가 많이 태어나지 않아서 학교에 입학할 학생 수도 줄어드는 거예요.

㉣ 이렇게 계속 신입생이 줄어들면 결국 많은 초등학교가 문을 닫게 될 거예요. 시간이 지나면 초등학교뿐만 아니라 모든 학교 교육이 멈추게 되겠지요. 우리나라는 학생 수 감소 문제에 어떻게 대처해야 할지 고민이 깊어요.

- **입학식**(入 들 입, 學 배울 학, 式 의식 식) 학교에 새로 들어온 학생들을 모아 놓고 행하는 의식.
- **신입생**(新 새로울 신, 入 들 입, 生 학생 생) 학교에 새로 들어온 학생.
- **출생률**(出 날 출, 生 날 생, 率 비율 률) 일정한 기간에 태어난 사람의 수가 차지하는 비율.

옥 쌤의 독해 교실

2. 중심 문장 파악하기

1 ㉡ 문단을 보고 빈 곳에 알맞은 수를 써 보세요.

<입학 예정인 신입생이 없는 초등학교>

전북	경북	강원	……	인천	대구	부산
곳	곳	곳		곳	곳	곳

⇩

올 3월 입학 예정인 신입생이 없는 초등학교는 전국 ☐☐ 곳 정도 된다.

뒷받침 내용을 통해 중심 문장의 자세한 내용을 확인할 수 있어.

2 태희가 기사의 한 문단을 읽고 친구들에게 다음과 같이 발표했습니다. 태희가 읽은 문단은 무엇일까요?

> 초등학교 신입생 수가 줄어드는 이유는 우리나라의 낮은 출생률 때문이라고 합니다.

① ㉠ 문단　　② ㉡ 문단
③ ㉢ 문단　　④ ㉣ 문단

기사에는 글쓴이의 생각과 느낌이 담겨 있어.

초등학교에 오전반, 오후반이 있었다고?

1970~80년대 초등학교는 학생이 많고 교실과 선생님이 부족해서 저학년은 오전반과 오후반으로 나눠 수업했어. 그때는 한 반의 학생 수가 60명을 넘기도 했지. 많을 때는 우리나라 초등학교 전체 신입생 수가 100만 명이 되던 해도 있었어. 그런데 이제는 30만 명대로 떨어졌다니, 인구가 얼마나 줄어들고 있는지 실감이 나지?

입학생 감소

사회 정치

✅ 스마트폰은 잠시 안녕~ 우리 '디지털 디톡스' 해요

스마트폰 중독으로 길을 걸을 때조차 스마트폰을 보는 사람들이 있어요. 이런 사람들을 부르는 말로 '스마트폰'과 '좀비'를 합친 '스몸비'라는 표현이 생겼지요.

2023년, 한 연예인이 10시간 동안 스마트폰 없이 지내는 이야기가 방송되었어요. 시청자들은 스마트폰 없이 안절부절못하는 연예인의 모습에 웃었지만, 사실 이건 우리 모두의 모습이기도 해요. 2024년 3월 28일, 과학기술정보통신부의 발표에 따르면 우리나라 사람 중 23% 이상이 스마트폰에 과도하게 의존하는 위험 상태에 있다고 해요. 특히 초등학생의 경우, 3명 중 1명 꼴로 스마트폰에 심각하게 의존하고 있다고 밝혀져 충격을 주었어요.

이렇게 스마트폰 의존 위험 상태에 있는 초등학생들은 시력, 수면, 성장 등 건강에 문제가 생기고, 집중력 저하와 우울감 등 마음의 문제도 생겨요. 이를 극복하려고 '디지털 디톡스'라는 유행이 생겼어요. 디지털 디톡스란 '디지털'과 '해독하다'라는 뜻의 '디톡스'를 합친 말로, 디지털 기기 사용을 멈추고 다른 활동을 통해 몸과 마음을 회복하는 행동을 뜻해요.

디지털 디톡스를 실천한 초등학생들은 스마트폰 대신 가족과 함께 보내는 시간이 즐겁다는 사실을 알게 되었어요. 책을 읽거나 그림을 그리며 자기 표현 능력을 길렀고, 집중력과 적극성도 향상되어 학교 공부에도 도움이 되었어요. 디지털 디톡스는 어려운 것이 아니에요. 스마트폰을 사용하지 않는 시간을 정해 두고 대신 독서나 운동 등 다른 활동을 하면 돼요. 혼자 하기 어렵다면 가족이나 친구와 함께해도 좋답니다.

- **의존**(依 의지할 의, 存 있을 존) 다른 것에 마음을 기대어 도움을 받으며 있음.
- **해독**(解 풀 해, 毒 독 독) 몸 안에 들어간 독이 있는 물질의 작용을 없앰.
- **회복**(回 돌아올 회, 復 돌아올 복) 원래의 상태로 돌이키거나 원래의 상태를 되찾음.

 옥 쌤의 독해 교실

3. 세부 내용 파악하기

1 글쓴이가 스마트폰 의존 위험 상태에 있는 사람에게 추천하는 것은 무엇인가요?

① 연예인이 나오는 예능 방송을 본다.
② 새로운 유행의 스마트폰을 산다.
③ 몸을 해독할 수 있는 약을 먹는다.
④ 스마트폰 사용을 멈추고 다른 활동을 한다.

이 글에서 자주 등장하는 단어는 '디지털 디톡스'야. 이 단어의 의미를 생각해 봐.

2 기사에 사용하기 적절한 표를 찾아 기호를 써 보세요.

㉠
구분	우리나라 사람	초등학생
스마트폰 의존 위험 상태 비율	23% 이상	3명 중 1명

㉡
구분	우리나라 사람	초등학생
스마트폰 의존 위험 상태 비율	3명 중 1명	23% 이상

기사의 내용과 일치하는 표를 사용해야 해.

지식 쏙쏙

미국 학교에서는 '스마트폰 잠금 주머니'가 인기

미국에서도 어린이들의 과도한 스마트폰 사용 문제가 심각해. 그래서 지금 미국에서는 '스마트폰 잠금 주머니'를 사용하는 학교가 늘어나고 있어. 스마트폰 잠금 주머니는 특수 자석이 달려 있어서 잠금을 푸는 장치가 있어야만 열리지. 학교에 있을 때는 스마트폰을 이 주머니에 넣게 해서 학생들이 스마트폰을 사용하지 못하게 하는 거야.

사회 정치

✓ 한국은 '국회 의원', 미국은 '소방관'이 가장 존경받는 직업

한국직업능력연구원은 국민이 더 나은 직업을 가질 수 있도록 돕기 위해 만들어진 국가 기관이에요. 이 기관은 직업 교육 등을 통해 국민의 직업 능력을 키워 줘요.

사람들은 가장 존경받는 직업이 무엇이라고 생각할까요? 2024년 3월의 조사에 따르면 한국에서는 '국회 의원', 미국에서는 '소방관'이라고 답했어요.

한국직업능력연구원은 한국, 미국, 일본, 독일, 중국 5개국의 **취업자** 1,500명씩을 대상으로 15개 직업을 평가하는 조사를 했어요. 직업의 중요성과 가치, 존경받는 정도를 5점 만점으로 점수를 매기게 한 것이지요. 그 결과 한국에서는 국회 의원(4.16점)

을 1위로 꼽았고, 다음으로 약사(3.83점), 인공 지능 전문가(3.67점), 소프트웨어 개발자(3.58점) 순이었어요. 일본과 중국도 1위를 국회 의원으로 뽑았어요. 그런데 미국과 독일은 달랐어요. 국회 의원은 미국에서 12위, 독일에서 10위였어요. 미국과 독일에서 1위는 소방관이었지요. 한국에서 소방관은 11위(3.08점)인 것과 크게 달랐어요. 또 한국에서는 1위와 15위의 점수 차이가 2.3점으로, 5개국 중 가장 큰 차이를 보였지요.

이 조사 결과는 한국 사람들이 여러 직업들에 대해 어떻게 생각하고 있는지를 보여 줘요. 한국의 취업자들은 소방관보다 국회 의원이나 약사를 중요하고 존경받는 직업으로 응답한 경우가 많았는데, 이는 남을 돕기 위해 희생하는 것보다는 권력이나 높은 수입을 얻을 수 있는 직업을 선호하는 것으로 해석될 수 있어요. 하지만 직업에는 **귀천**이 없고, 우리가 같이 살아가기 위해서는 여러 직업이 고르게 필요하니 모든 직업이 가치가 있다는 생각을 가질 수 있는 교육과 **정책**이 필요해요.

- **취업자**(就 나아갈 취, 業 일 업, 者 사람 자) 일정한 직업을 잡아 직장에 나가는 사람.
- **귀천**(貴 귀할 귀, 賤 천할 천) 신분이나 일 등의 높고 낮음.
- **정책**(政 정사 정, 策 꾀 책) 정치적 목적을 이루기 위한 방법과 계획.

정답 및 해설 165쪽

옥 쌤의 독해 교실

3. 세부 내용 파악하기

1 조사에서 국회 의원이 존경받는 직업 1위를 한 나라를 모두 골라 보세요.

① 한국　② 미국　③ 일본　④ 독일　⑤ 중국

두 번째 문단에서 나라별 존경받는 직업 순위를 확인할 수 있어.

2 기사를 읽고 다음 표를 완성해 보세요.

〈한국에서 존경받는 직업〉

순위	직업의 종류	점수
1	국회 의원	4.16점
2	약사	
3		3.67점
4	소프트웨어 개발자	

한국에서 존경받는 직업을 1위부터 4위까지 순서대로 써 봐.

3 조사 결과를 통해 알 수 있는 사실은 무엇인가요?

① 한국 사람은 남을 위해 희생하는 직업을 존경한다.
② 한국 사람은 소방관을 가장 존경한다.
③ 한국 사람은 모두 직업에 귀천이 있다고 생각한다.
④ 한국 사람은 권력을 가진 직업을 존경한다.

세 번째 문단에서 조사 결과를 통해 알 수 있는 사실을 확인할 수 있어.

미국 초등학생 희망 직업 1위 소방관, 우리나라는?

미국 초등학생의 희망 직업 1위는 '소방관'이야. 남을 구하기 위해 자신의 목숨까지 거는 소방관의 희생정신이 존경받고 대우받는다는 뜻이지. 우리나라 초등학생의 희망 직업은 운동선수, 의사, 교사, 창작자 순서야. 소방관은 20위 내에 들지 못했대. 남을 위해 희생하는 소방관에 대한 대우가 더 나아지면 앞으로 순위가 더 높아지지 않을까?

사회 정치

✓ 어린이 공원에서 공놀이를 하지 말라고요?

어린이 공원은 어린이들이 쉬고 놀 수 있도록 만든 공원이에요. 어린이들이 집 가까운 곳에서 쉽게 이용할 수 있게 주택가 근처에 많이 조성되어 있어요.

서울시에 따르면 2013년에 1,301곳이었던 서울 시내 어린이 공원 수가 매년 줄어 2022년에는 1,248곳뿐이라고 해요. 어린이들이 뛰어놀 수 있는 공원이 부족해진 가운데, 2024년 3월, 서울 주택가 어린이 공원에 '공놀이를 자제해 주세요.'라는 현수막까지 붙어 논란이 되고 있어요.

현수막에는 주민들이 소음 때문에 힘들어하니 어린이 공원 안에서는 축구, 야구 등의 공놀이를 자제해 달라는 내용이 담겨 있었어요. 근처 주민들의 항의를 받은 구청이 20여 곳의 어린이 공원에 설치한 현수막이었지요. 이를 본 사람들의 의견은 찬성과 반대로 나뉘었어요.

현수막 내용에 찬성하는 사람들은 소음과 안전 문제를 이유로 공놀이를 하지 않는 게 맞다고 해요. 공 튀기는 소리가 주민에게 소음 피해를 주고, 공이 날아가 집이나 차량을 망가뜨리거나 사람이 맞을 수 있어 위험하다는 거죠. 하지만 반대 의견의 사람들은 어린이를 위한 공원이니 어린이가 마음껏 뛰어놀 수 있어야 한다고 해요. 아이들이 공놀이를 하며 노는 소리를 어른들이 이해하고 배려해 주어야 한다는 생각이지요.

구청 담당자는 양쪽의 의견을 고려해 현수막을 걸었어요. 어린이 공원에서 공놀이를 하지 말라고 할 수 없으니 자제해 달라고 부탁하는 현수막을 건 것이죠. 하지만 찬성과 반대의 목소리는 계속되고 있어요. 주택가 어린이 공원의 공놀이 문제는 어떻게 해결해야 할까요?

- **자제**(自 스스로 자, 制 억제할 제) 무엇을 하고 싶은 마음을 스스로 참음.
- **소음**(騷 떠들 소, 音 소리 음) 기분이 나쁘게 시끄러운 소리.
- **배려**(配 짝 배, 慮 생각할 려) 도와주거나 보살펴 주려고 마음을 씀.

 옥 쌤의 독해 교실

4. 한 문장으로 정리하기

1 어린이 공원에서 공놀이를 자제해 달라는 것에 대한 찬성 의견을 한 문장으로 정리해 보세요.

주장할 때는 항상 근거를 이야기해야 해.

☐☐과 ☐☐ 문제가 있으므로
―― 근거 ――
어린이 공원에서 공놀이를 하지 않는 게 맞다.
―― 주장 ――

2 어린이 공원에서 공놀이를 자제해 달라는 것에 대한 반대 의견을 한 문장으로 정리해 보세요.

근거는 주장을 뒷받침할 수 있는 내용이어야 해.

어린이 공원은 ☐☐☐를 위한 공원이므로
―― 근거 ――
어린이가 마음껏 뛰어놀 수 있게 하는 게 맞다.
―― 주장 ――

지식 쏙쏙

어린이는 '놀 권리'가 있어요!

어린이는 '놀이'로 행복한 삶을 누릴 '놀 권리'가 있어. 유엔아동권리협약 제31조와 아동권리헌장 제8조에는 어린이의 놀 권리를 보장해야 한다고 되어 있지. 어린이 공원에서 공놀이하는 것조차 눈치를 보게 된 우리 어린이들의 놀 권리를 지켜 주려면 우리나라에 안전한 어린이 놀이 공간이 더 많이 마련되어야 해.

사회 정치

✅ '노키즈존'이 불러온 '노○○존' 세상

'노키즈존'이란, 말 그대로 어린이들의 출입을 금지하는 곳을 말해요. 주로 음식점이나 카페에서 노키즈존을 볼 수 있어요.

㉠2014년부터 생기기 시작한 '노키즈존'은 누구나 한 번쯤은 본 적이 있을 거예요. 2023년 조사에 따르면 전국에 노키즈존은 500여 곳이라고 하지만, 노키즈존은 따로 **신고**하지 않아도 되기 때문에 실제로는 이보다 훨씬 더 많아요. 음식점이나 카페에서 어린이 출입을 금지하는 노키즈존은 어린이에 대한 **차별**이에요. 국가인권위원회도 2016년에 노키즈존이 아동 차별 행위라고 밝혔지요. 하지만 노키즈존을 막을 수는 없었어요. 노키즈존이 법을 어기는 것도 아니고, 가게 주인들에게는 자유롭게 장사할 권리가 있기 때문이었죠. 결국 노키즈존은 계속 늘어나게 되었어요.

㉡이렇게 '나이'를 **기준**으로 차별하는 노키즈존을 막지 못한 결과, 또 다른 차별을 낳는 '노○○존'들이 생겨났어요. 젊은이가 많이 오는 가게에서는 60대 이상의 노인 출입을 금지하는 '노시니어존'을 만들었어요. 어느 스터디 카페에서는 중학생들이 공부에 방해된다며 '노중학생존'을 만들기도 했지요. 이제는 나이만 기준이 아니에요. 대학 근처 가게에서는 학생들이 불편해한다며 '교수' 출입을 금지하는 '노교수존'을 만들었고, 어느 카페에서는 커플들이 시끄럽다며 '노커플존'을 만들었어요. 이 밖에도 각종 이유로 다양한 노○○존들이 계속 생겨나고 있어요. 이제 또 어떤 노○○존이 생겨 누구를 차별하게 될까, 걱정하는 목소리가 높아요.

○○존

- **신고**(申 알릴 신, 告 아뢸 고) 국민이 법에 따라 국가 기관에 일정한 사실을 보고함.
- **차별**(差 다를 차, 別 다를 별) 둘 이상의 대상을 등급이나 수준 등의 차이를 두어서 구별함.
- **기준**(基 터 기, 準 법도 준) 기본이 되는 표준.

옥 쌤의 독해 교실

4. 한 문장으로 정리하기

1 각 문단의 내용을 한 문장으로 정리한 것입니다. 보기의 단어를 사용하여 문장을 완성해 보세요.

> 글에서 사용된 단어를 통해 글쓴이의 의도를 파악할 수 있어.

〈보기〉 줄어들게   늘어나게   배려   차별

- ㉠ 문단:

  어린이를 차별하는 노키즈존이 계속 ☐☐☐ 되었다.

- ㉡ 문단:

  노키즈존을 막지 못한 결과, 또 다른 ☐☐ 을/를 낳는 노○○존이 생겨났다.

2 글쓴이가 전하고 싶은 말을 한 문장으로 바르게 정리한 것은 무엇인가요?

① 노○○존은 사람을 차별하는 것이다.
② 노○○존이 생기는 것은 어쩔 수 없는 일이다.
③ 다양한 노○○존이 만들어져야 한다.
④ 노○○존 가게들은 장사가 잘되고 있다.

> 기사에서 자주 쓰인 표현을 보면 글쓴이가 주제에 대해 어떻게 생각하는지 알 수 있어.

'노키즈존'은 왜 생기기 시작했을까?

'노키즈존'은 한 식당에서 뛰어다니던 어린이가 뜨거운 물을 들고 가던 종업원과 부딪혀 다친 사건 이후 생겨났어. 이 사건에 대해 법원은 가게 주인에게 책임이 있다고 판결하고 배상을 명령했어. 이후에도 비슷한 사건에 대해 같은 판결이 내려졌지. 그러자 가게 주인들은 어린이가 다쳐서 책임질 일이 생길까 봐 노키즈존을 만들기 시작했어.

사회 정치

'백두산', 유네스코 세계 지질 공원으로 선정, "어? 이름이 다르네?"

백두산은 높이가 2,744m로, 한반도에서 가장 높은 산이에요. 꼭대기에는 '천지'라는 크고 아름다운 화산 호수가 있어요.

2024년 3월 28일, 유네스코는 백두산을 '세계 지질 공원'으로 선정했어요. 세계 지질 공원이란 뛰어난 가치를 가진 지형을 보호하기 위해 정한 지역을 말해요. 유네스코는 백두산을 잘 보존된 화산으로, 특히 천지라는 화산 호수가 뛰어난 경치를 보여 준  다고 평가했어요. 그런데 유네스코는 백두산을 '창바이산(長白山)'이라는 중국 이름으로 선정했어요. 왜 백두산이 중국 이름으로 선정되었을까요?

백두산은 6·25 전쟁 이후 북한과 중국의 약속에 따라 4분의 1은 북한, 4분의 3은 중국 땅이에요. 이를 근거로 중국은 백두산을 창바이산이라 부르며 자기 것이라 주장했어요. 그리고 2020년부터 유네스코에 창바이산을 세계 지질 공원으로 인정해 달라고 신청했지요. 결국 유네스코는 신청을 받아들여 '창바이산'이라는 이름으로 선정했어요.

하지만 백두산은 오랜 옛날부터 우리 민족의 산이에요. 고려 시대에 쓰인 『삼국유사』에는 우리나라 최초의 나라인 고조선을 세운 '환웅'이 하늘에서 내려온 곳이 백두산이라고 기록되어 있어요. 그런데 창바이산으로 유네스코의 인정을 받은 중국은 백두산이라는 이름을 지우려고 하지요. 이렇게 되면 백두산과 함께 그곳에 있었던 우리 옛 나라들의 역사마저 모두 중국에 넘어갈 수 있어요. 그래서 백두산이 중국의 창바이산으로 유네스코에 선정된 일은 우리에게 (㉠)(이)랍니다.

- **선정**(選 가릴 선, 定 정할 정) 여럿 가운데서 어떤 것을 뽑아 정함.
- **지형**(地 땅 지, 形 형상 형) 땅의 생긴 모양.
- **화산**(火 불 화, 山 메 산) 땅속에 있는 가스나 용암 등이 땅의 터진 틈으로 내뿜어지는 산.

생각 넓히기

1. 적용 및 추론하기

1 중국이 유네스코에 '창바이산'을 세계 지질 공원으로 인정해 달라고 신청한 이유는 무엇일까요?

① 백두산이 중국의 것임을 세계에서 인정받으려고
② 백두산이 옛날부터 중국의 것이었기 때문에
③ 창바이산으로 인정받은 뒤 백두산으로 이름을 바꾸려고
④ 백두산을 우리 민족에게 돌려주려고

'창바이산'이 세계 지질 공원으로 선정되면 중국이 얻게 되는 것을 생각해 봐.

2 ㉠에 알맞은 말은 무엇일까요?

① 별것 아닌 일
② 재미있는 일
③ 잊어야 할 일
④ 심각한 문제

㉠ 앞의 내용을 살펴보면 적절한 단어를 추론할 수 있어.

지식 쏙쏙

우리나라에서 세계 지질 공원으로 선정된 곳은?

2024년에 백두산이 '창바이산'이라는 이름으로 세계 지질 공원으로 선정되었고, 이와 더불어 18곳이 추가되어 이제 세계 지질 공원은 총 48개국 213곳이 되었어. 우리나라에서는 화산 지형을 가진 제주도 전체가 2010년에 최초로 세계 지질 공원으로 선정되었지. 또 한탄강, 청송, 무등산, 그리고 전북 서해안도 세계 지질 공원으로 선정된 곳이야.

사회 정치

✅ 너무 일찍 세상을 떠난 동물원 호랑이가 말해 주는 것은…

동물원에서 많은 동물이 자기 수명을 다 채우지 못하고 죽어요. 2019년부터 2024년까지 서울 대공원에서 죽은 동물 중 4분의 1만이 자기 수명을 채웠다고 해요.

동물원의 동물들이 자연 속 동물보다 오래 살까요? 동물원은 **멸종 위기**의 **야생 동물**들을 보호하는 역할을 해요. 동물들은 사람이 주는 먹이를 받아먹고 건강 관리도 받지요. 그렇다면 동물원의 동물들이 평균 **수명**을 넘기며 오랫동안 건강하게 살아야 하는데, 그렇지 못하다고 해요.

2024년 4월 19일, 서울 대공원에서 5살 시베리아 호랑이 태백이가 세상을 떠났어요. 태백이는 2월부터 건강이 나빠져 치료를 받던 중 간 등에 병이 발견되었고 얼마 지나지 않아 숨을 거두었어요. 동물원에서 오래 일했던 한 수의사는 "활동량이 적을 수밖
에 없는 동물원에서 호랑이 같은 동물은 병에 걸리기 쉽다."라고 말했지요. 시베리아 호랑이의 평균 수명은 15년이지만, 2019년부터 2024년까지 서울 대공원에서 13마리가 평균 수명을 채우지 못하고 죽었어요.

서울 대공원 측은 호랑이처럼 사나운 동물은 건강 검진과 치료가 어려우며, 호랑이들이 아픈 티를 잘 내지 않아 병을 발견하기 어렵다고 했어요. 그러나 전문가들은 호랑이들이 좁고 불편한 공간에서 스트레스를 받아 건강에 문제가 생겼다고 지적했어요. 동물원의 동물들을 당장 자연으로 돌려보낼 수 없는 현실에서, 동물들이 건강하게 지낼 수 있는 환경을 만들어 주고 더 세심하게 관리해야 한다는 목소리가 높아요.

- **멸종 위기**(滅 멸망할 멸, 種 씨 종, 危 위태할 위, 機 기회 기) 생물의 한 종류가 아주 없어질 위험한 고비나 시기.
- **야생 동물**(野 들 야, 生 날 생, 動 움직일 동, 物 만물 물) 산과 들에서 저절로 나서 자라는 동물.
- **수명**(壽 목숨 수, 命 목숨 명) 생물이 살아 있는 기간.

 생각 넓히기

1. 적용 및 추론하기

1 태백이가 평균 수명보다 일찍 세상을 떠난 이유는 무엇인가요?

① 동물원에서 먹이를 주지 않았기 때문에
② 좁고 불편한 공간에서 스트레스를 받았기 때문에
③ 관광객이 던진 음식을 먹고 탈이 났기 때문에
④ 호랑이끼리 싸우다가 상처를 입었기 때문에

일어난 사건의 원인과 결과를 구분해 봐.

2 글쓴이가 글을 읽는 사람들에게 전하고 싶은 말은 무엇일까요?

① 동물원을 모두 없애야 한다.
② 동물들을 당장 자연으로 돌려보내야 한다.
③ 동물들이 건강하게 지낼 수 있는 환경을 만들어 주어야 한다.
④ 동물들이 동물원에서 일찍 죽는 것은 어쩔 수 없다.

글의 내용으로 글쓴이의 생각을 추론할 수 있어.

지식 톡톡

가둬 두는 동물원 대신, 자연에 풀어 두고 보호해요!

아프리카, 미국, 호주와 같은 나라에서는 우리나라처럼 좁은 철장에 동물을 가둬 두지 않고, 풀어 두는 방법으로 야생 동물을 보호해. 아주 넓은 '야생 동물 보호 구역'이나 '국립 공원'을 만들어서 동물들이 마음껏 뛰놀며 살 수 있게 하지. 이곳을 찾는 사람들은 야생 동물들에게 방해가 되지 않도록 멀리 떨어져서 동물을 본다고 해.

사회 정치

✓ '학교 폭력 기록' 졸업해도 4년간 남는다

학교 폭력이 기록에 남는다는 사실을 알고 있나요? 이 기록 때문에 나중에 대학에 입학하거나 취업할 때 문제가 될 수도 있어요.

2023년, 학교 폭력을 당한 주인공이 나오는 우리나라 드라마가 큰 인기를 끌었어요. 학교 폭력은 단지 드라마 속 이야기가 아니라는 것을 보여 주는 발표도 있었지요. 교육부의 2023년 조사 결과, 초·중·고교생 때 학교 폭력을 경험했다는 대답이 10년 만에 최고로 많이 나왔거든요. 학교 폭력 예방법이 시행된 지 20년이 지났지만, 학교 폭력 문제는 여전히 심각하다는 거예요.

이에 교육부는 2024년 3월부터 학교 폭력 기록 **보존** 기간을 기존의 2년에서 4년으로 늘리겠다고 발표했어요. 기록이 보존되는 경우는 출석 정지나 학급 교체, 전학을 당할 정도로 심각한 폭력을 저지른 때이죠. 이렇게 심한 학교 폭력 기록을 보존하는 기간이 4년으로 늘어나면 어떻게 될까요? 예를 들어 어떤 중학생이 학교 폭력으로 전학 조치를 받았을 경우, 이전까지는 대학 입학에 아무 영향이 없었어요. 하지만 이제는 폭력 기록이 남아 있기 때문에 대학 입학이 어려워지겠지요. 또 학교 폭력을 저지른 고등학생이 졸업 후 취업하려는 경우에도 이 기록 때문에 취업이 어려워질 수 있어요. 교육부 관계자는 "학교 폭력을 하면 **진학** 시와 졸업 이후까지도 **불이익**을 받을 수 있다고 생각하게 되어 학교 폭력 예방에 도움이 될 것이다."라고 말했어요. 이번 조치를 계기로 학교 폭력이 줄어들고 학생들의 학교생활이 안전해지길 기대해 봐요.

- **보존**(保 보전할 보, 存 있을 존) 잘 보호하고 간수하여 남김.
- **진학**(進 나아갈 진, 學 배울 학) 상급 학교에 감.
- **불이익**(不 아닐 불, 利 이로울 이, 益 더할 익) 이익이 되지 않고 손해가 되는 데가 있음.

 생각 넓히기

2. 나의 생각 정리하기

1 학교 폭력 기록을 4년간 보존하는 것에 대한 양쪽의 의견을 보고 여러분의 생각을 써 보세요.

양쪽 의견과 다른 나만의 생각을 써도 돼.

4년간 기록을 남겨야 한다.	• 학교 폭력을 저지른 사람에게는 불이익을 주어야 한다. • 학교 폭력을 저지른 행동에 대한 책임을 지도록 해야 한다.
4년간 기록을 남기는 것은 바람직하지 않다.	• 기록을 남긴다고 해서 학교 폭력이 줄어들지는 않을 것이다. • 학교 폭력을 반성하고 새로운 삶을 살아가려는 것을 막을 수 있다.

저는 _____

_____

2 학교 폭력을 없앨 수 있는 방법에 대해 생각해 보세요.

• 학교 폭력을 예방하려면 어떻게 해야 할까요?

_____

• 학교 폭력을 저지른 학생에게는 어떻게 하는 것이 좋을까요?

_____

다른 사람의 의견을 받아들이기만 하기보다는 내 생각을 이야기하는 습관을 들여 봐.

이제 학교 폭력 기록이 있으면 선생님이 될 수 없어요

교육부는 2026년도 대학 입시부터 학교 폭력 기록을 입학 과정에 꼭 반영하게 했어. 많은 대학교에서는 학교 폭력 기록이 있으면 점수를 깎고 입시 평가에 반영해. 특히 선생님이 되기 위해 들어가는 교육 대학교는 학교 폭력 기록을 더 엄격하게 반영하기로 해서 이제 학교 폭력 기록이 있으면 선생님이 될 수 없게 되었어.

사회 정치

✓ 주운 신용 카드로 사탕 산 여고생들이 감사장을 받은 까닭은?

만약 길에서 신용 카드를 주웠다면 어떻게 해야 할까요? 주운 카드를 사용하면 벌을 받을 수 있어요. 따라서 경찰서에 신고하거나 카드 회사에 연락하는 것이 좋아요.

2024년 5월 27일, 제주서부경찰서는 주운 신용 카드로 사탕을 산 여고생 두 명에게 감사장을 주었어요. 남의 카드를 주워서 사탕을 샀는데 감사장을 주다니, 이게 무슨 일일까요?

이 여고생들은 2024년 5월 19일, 제주시 거리에서 신용 카드를 주웠어요. 주운 신용 카드의 주인을 빨리 찾고 싶었던 이 학생들은 신용 카드를 **결제**하면 주인에게 결제한 장소가 적힌 알림 문자가 가는 사실을 생각해 냈어요. 그래서 이들은 근처 편의점에서 주운 신용 카드로 300원짜리 막대 사탕 1개를 결제했어요. 그리고 신용 카드와 막대 사탕값 300원을 비닐 지퍼 용기에 넣어 편의점 직원에게 맡겼지요. 신용 카드 주인은 '카드 승인 300원, ○○편의점'이라는 알림 문자를 받고 신용 카드를 잃어버린 것을 알았어요. 그리고 은행에 **분실** 신고 전화를 했더니 전화를 받은 직원이 마지막 300원이 결제된 편의점에 한번 가 보라고 조언해 주었지요. 결국 신용 카드 주인은 편의점에서 신용 카드를 찾고 사탕값 300원도 함께 받았어요.

이 사실이 알려지면서 여고생들은 많은 칭찬을 받았어요. 그리고 제주서부경찰서는 이 학생들과 편의점을 찾아가 보라고 조언해 준 은행 직원에게 감사장을 주었지요. 학생들이 신용 카드의 주인을 찾기 위해 사탕값 300원을 결제한 일은 착한 마음에서 비롯된 **재치** 있는 행동이었어요. 그런데 주운 신용 카드를 주인의 허락 없이 사용하면 처벌을 받을 수도 있으니 경찰서에 신고하거나 카드 회사에 연락하는 것이 좋아요.

- **결제**(決 결정할 결, 濟 건널 제) 돈을 주고받아 거래를 끝맺는 일.
- **분실**(紛 어지러울 분, 失 잃을 실) 자기도 모르는 사이에 물건 등을 잃어버림.
- **재치**(才 재주 재, 致 이를 치) 눈치 빠른 재주.

 생각 넓히기

2. 나의 생각 정리하기

1 만약 여러분이 기사의 여고생과 같은 상황이라면 어떻게 행동했을까요?

저는 _____
_____

내가 기사 속 여고생이 되었다고 생각해 봐.

2 좋은 의도를 갖고 한 나쁜 행동은 해도 괜찮은 걸까요? 여러분의 생각에 ○표 하고, 그 이유를 써 보세요.

- 나무꾼은 사냥꾼을 피해 도망치는 사슴을 숨겨 주었어요. 그리고 나무꾼에게는 사슴을 보지 못했다고 말했어요.
- 기정이는 길을 가다가 다리를 다친 할아버지를 일으켜 드렸어요. 그러다가 할아버지께서 기정이의 다리에 걸려 넘어지시면서 팔이 부러지고 말았어요.

의도가 좋다면 결과는 나빠도 괜찮을까? 내 생각을 정리해 봐.

- 아무리 좋은 의도를 가졌더라도 거짓말이나 남을 다치게 하는 행동은 벌을 받아야 해요. (   )
- 좋은 의도를 가졌다면 거짓말이나 남을 다치게 하는 행동도 용서받을 수 있어요. (   )

그 이유는 _____
_____

지식 쏙쏙

주운 물건을 가져가면 도둑질? 어떻게 해야 할까?

누군가 잃어버린 지갑이나 휴대 전화, 신용 카드 같은 물건을 주웠을 때 나중에 주인을 찾아 주겠다고 가져가면 도둑질을 한 것과 같은 처벌을 받을 수 있어. 이럴 때는 주운 물건을 바로 경찰서에 가져다주는 것이 가장 좋아. 신용 카드는 그 카드 회사에 전화해 주거나 우체통에 넣는 것도 좋은 방법이야.

여기 주운 지갑이에요.

옥 쌤의 쏙쏙 어휘

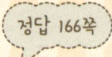
정답 166쪽

정책: 정치적 목적을 이루기 위한 방법

선거: 대표자를 투표로 뽑는 일

권리: 어떤 일에 대해 당연히 요구할 수 있는 자격

차별: 둘 이상의 대상을 수준 등의 차이를 두어서 구별함

출생률: 일정한 기간에 태어난 사람의 수가 차지하는 비율

대통령이 되기 위해 여러 후보가 (**대표자를 투표로 뽑는 일**)에 나왔어요. 후보들은 낮은 (**일정한 기간에 태어난 사람의 수가 차지하는 비율**) 문제를 해결하기 위한 다양한 (**정치적 목적을 이루기 위한 방법**)들을 제시했지요. 한 후보는 아이를 많이 낳는 사람에게 나라에서 지원금을 받을 수 있는 (**어떤 일에 대해 당연히 요구할 수 있는 자격**)을/를 주자고 했어요. 하지만 다른 후보는 그 방법이 아이를 낳지 않는 사람을 (**둘 이상의 대상을 수준 등의 차이를 두어서 구별함**)하는 것이라고 이야기했어요.

★ 위의 문장을 알맞은 어휘를 사용하여 바꾸어 볼까요?

대통령이 되기 위해 여러 후보가 _____에 나왔어요. 후보들은 낮은 _____ 문제를 해결하기 위한 다양한 _____들을 제시했지요. 한 후보는 아이를 많이 낳는 사람에게 나라에서 지원금을 받을 수 있는 _____을/를 주자고 했어요. 하지만 다른 후보는 그 방법이 아이를 낳지 않는 사람을 _____하는 것이라고 이야기했어요.

경제

내 강아지에게는 최고를!
반려동물 시장 급성장

반려동물을 가족처럼 생각하며 아끼고 사랑하는 사람들을 '펫팸족'이라고 해요. 반려동물(pet)과 가족(family)을 합쳐서 만든 말이지요.

"나는 라면을 먹더라도 내 강아지에게는 고급 사료를 먹이고 싶어요!"

강아지 **사료**를 사던 한 손님이 한 말이에요. 이는 단지 한 사람의 생각이 아니에요. 2023년 우리나라의 반려동물 고급 사료 **시장**은 10년 전 대비 개 사료 150.0%, 고양이 사료 577.6%로 커졌어요. 반려동물에게 고급 사료를 먹이고 싶은 사람들이 늘어난 결과이지요.

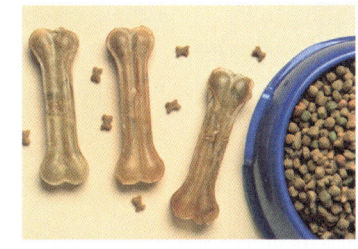

2024년 3월의 조사에 따르면 2023년 한국의 반려동물 시장은 약 4조 원 규모였어요. 이는 10년 전과 비교해 3배나 커진 것이지요. 이렇게 시장이 **급성장**한 것은 반려동물을 키우는 사람들이 크게 늘었기 때문이에요. 우리나라에서 반려동물을 키우는 가구는 전체의 25.4%, 즉 4분의 1이나 되지요. 이들이 반려동물을 가족으로 생각하며 아낌없이 베풀고 싶어 하는 마음이 반려동물 시장을 성장하게 했어요.

이러한 현실에 맞춰 기업들은 반려동물을 키우는 사람들의 마음을 사로잡기 위한 새로운 시도를 선보이고 있어요. 어느 항공사는 강아지와 함께 탈 수 있는 비행기 좌석을 판매하고 반려견을 위한 도시락이나 장난감을 제공했어요. 이 밖에도 반려동물 유치원, 반려동물과 함께 묵을 수 있는 숙소, 반려동물의 장례식을 맡아 주는 서비스 등 새로운 반려동물 시장이 생기고 있어요.

앞으로 반려동물을 위한 어떤 상품이나 서비스가 또 생겨날까요? 함께 상상해 보아요.

- **사료**(飼 먹일 사, 料 재료 료) 집에서 기르는 동물에게 주는 먹을거리.
- **시장**(市 시장 시, 場 마당 장) 상품과 서비스의 거래가 이루어지는 공간.
- **급성장**(急 급할 급, 成 이룰 성, 長 길 장) 무엇의 크기나 범위가 빠르고 거세게 커짐.

3장
경제 이슈

엔저 현상　　　펀슈머　　　금사과

GDP　　　나랏빚

노이즈 마케팅　　　3만 원권 지폐

정답 166쪽

2024년 4월 10일, 국회 의원 선거가 있었어. 우리 지역에서는 총 6명의 후보가 나왔지. 선거 운동을 할 때 후보들은 환경 오염, 교통 혼잡 등의 문제를 해결하고, 공원과 교육 시설을 늘려 사람들이 살기 좋은 환경을 만들겠다고 약속했어. 많은 사람이 후보들이 약속한 말을 꼭 지켜 주기를 바라며 투표에 참여했어.

누가 국회 의원에 당선되었을까?

- 당선인은 모자를 쓰고 있어.
- 파란색 옷을 입은 사람의 옆 사람이 당선되었지.
- 당선인은 구두를 신지 않았어.
- 당선인의 모자에는 짝수가 쓰여 있어.

팽팽 토론

2014년에 노키즈존이 생긴 이후, 노시니어존, 노중학생존, 노교수존, 노커플존 등이 생겨났어요. 이 밖에도 다양한 '노○○존'들이 계속 생겨나고 있어, 누군가가 차별당하게 될까 걱정하는 목소리가 높아지고 있어요. 여러분은 이에 대해 어떻게 생각하나요?

노○○존을 금지해야 할까? 아니면 가게 주인이 자유롭게 정하도록 해야 할까?

저는 노○○존을 금지해야 한다고 생각해요.
왜냐하면 노○○존은 누군가를 차별하는 일이기 때문이에요. 누구나 가고 싶은 곳에 자유롭게 갈 수 있어야 해요.

저는 가게 주인이 자유롭게 정해야 한다고 생각해요.
왜냐하면 장사를 어떻게 할지는 가게 주인의 권리이기 때문이에요. 음식을 누구에게 팔지는 가게 주인의 자유예요.

저는
_____

왜냐하면
_____

옥 쌤의 독해 교실

1. 주요 단어 살펴보기

1 기사를 읽고 '반려동물'의 의미를 유추해 보세요.

> 동물은 기르는 목적에 따라 다르게 부릅니다.

① 보고 즐기기 위해 기르는 동물
② 약의 효과를 실험하기 위해 기르는 동물
③ 사람이 음식으로 먹을 수 있는 동물
④ 사람이 마음을 의지하려고 가까이 두고 기르는 동물

'동물' 앞에 어떤 단어를 사용하느냐에 따라 의미가 달라질 수 있어.

2 글쓴이가 글에서 '반려동물'이라는 단어를 사용한 이유는 무엇일까요?

> 예전에는 사람들이 귀여워하며 기르는 동물을 뜻하는 '애완동물'이라는 단어를 사용했어요. 하지만 이제는 '반려농물'이라는 단어를 써요.

① 함께 지내는 동물을 가족처럼 생각하기 때문에
② 반려라는 말이 더 멋져 보여서
③ 귀엽지 않은 동물도 기르기 때문에
④ 동물을 키우는 사람이 많아졌기 때문에

사용한 단어를 통해 글쓴이의 생각을 엿볼 수 있어.

지식 톡톡

반려동물과 함께 지키는 '펫티켓(petiquette)'

반려동물을 키우는 사람들이 늘어나면서 공공장소에서 반려동물을 데리고 나올 때 지켜야 할 예절이 강조되고 있어. 반려동물에게 목줄을 채우고 배설물을 치우는 등의 예절을 뜻하는 말이 '펫티켓(petiquette)'이야. 반려동물을 뜻하는 '펫(pet)'과 예절을 뜻하는 '에티켓(etiquette)'을 합친 말이지.

너도나도 일본 여행, "엔화가 쌉니다, 싸요!"

일본 엔화의 값이 미국의 달러에 비해 싼 현상을 '엔저 현상'이라고 해요. 최근처럼 엔화의 값이 크게 떨어지면 '슈퍼 엔저 현상'이라고 하지요.

"이거 맛있다!", "사진 좀 찍어 주실래요?"

겨울 방학 때 일본 여행을 간 하윤이는 여기저기서 들려오는 한국어에 깜짝 놀랐어요. 어딜 가도 우리나라 사람들이 많았지요. 2023년에 일본을 방문한 한국인이 무려 700만 명에 달했거든요. 이는 일본을 찾은 관광객 3명 중 1명이 한국인일 정도로 많은 수이지요. 왜 이렇게 일본 여행을 가는 사람들이 많아졌을까요?

그건 바로 일본 돈인 '엔화'의 값이 싸졌기 때문이에요. 예전에는 일본 돈 100엔과 바꾸려면 우리 돈으로 1,000원이 넘게 들었지만, 지금은 900원이 채 안 되는 돈으로 100엔과 바꿀 수 있어요.

엔화의 값이 싸지자 사람들은 너도나도 일본 여행을 가게 된 거예요. 예전보다 더 싼 값에 일본을 여행할 수 있으니까요. 그래서 한국뿐 아니라 전 세계에서 일본을 찾은 관광객이 2023년에 총 2,500만 명이 넘었어요. 이들이 일본에서 쓴 돈은 우리 돈으로 무려 48조 원에 달해요.

많은 돈을 벌게 되었으니 엔화가 싸진 것이 일본에 잘된 일인 것 같지요? 사실 그렇지만은 않아요. 엔화가 싸져서 외국에서 **수입**하는 물건값이 오르자 일본 전체 **물가**가 올랐거든요. 이는 일본 경제에 나쁜 영향을 미치고 있어요.

전문가들은 엔화의 값이 당분간 싸게 유지되겠지만, 일본의 경제 **정책**으로 보아 2024년 안에 엔화의 값이 다시 오를 것으로 예상하고 있어요.

- **수입**(輸 나를 수, 入 들 입) 다른 나라로부터 상품이나 기술 등을 국내로 사들임.
- **물가**(物 물건 물, 價 값 가) 물건의 값.
- **정책**(政 정사 정, 策 꾀 책) 정치적 목적을 이루기 위한 방법과 계획.

정답 및 해설 166쪽

옥 쌤의 독해 교실

1. 주요 단어 살펴보기

1 다음 문장에서 ㉠에 공통으로 들어갈 말을 기사에서 찾아 써 보세요.

- 대회에 (㉠) 100만 원의 상금이 걸려 있어.
- 학예회에 (㉠) 200명이 넘는 부모님이 참석했어.
- 맛집에서 밥을 먹기 위해 (㉠) 1시간이나 줄을 섰어.

> ㉠은/는 수량을 나타내는 말 앞에 쓰여, 그 수가 예상보다 상당히 많음을 나타냅니다.

㉠에 들어갈 말: ☐☐

'매우', '엄청'처럼 단어 앞에 쓰여서 뜻을 더 분명하게 해 주는 말이 있어.

2 기사에 쓰인 단어 중 비슷한 뜻을 가진 단어끼리 선으로 이어 보세요.

여행   물건값

물가   관광

같은 뜻이라도 여러 단어를 사용해 표현할 수 있어.

지식 톡톡

일본 엔화의 값은 왜 이렇게 싸졌을까?

'슈퍼 엔저'라고 불릴 정도로 일본 엔화의 값이 싼 것은 미국과 일본이 각자 나라의 경제를 다루는 정책의 차이 때문이야. 미국의 달러는 전 세계 경제의 기준이 되는 화폐야. 최근 미국은 시장에 달러를 적게 푸는데, 일본은 시장에 엔화를 많이 풀고 있어. 그래서 시장에 적은 달러의 값은 올라가고, 많은 엔화의 값은 떨어지는 거지.

73

경제

엎치락뒤치락 세계 경제, 일본 GDP 세계 4위로 밀려나

경제 수준을 나타내는 지표 중에는 GDP가 있어요. GDP는 국내에서 생산된 게 총 얼마인지를 나타내는 것으로, 쉽게 말해 한 국가의 경제 성적표라고 생각할 수 있어요.

㉠2024년 2월 15일, 일본 정부는 2023년 일본의 GDP가 591조 4,820억 엔이라고 발표했어요. 달러로는 4조 2,106억 달러로, 독일의 지난해 GDP인 4조 4,561억 달러에 비해 2,455억 달러 적어요. 원래 세계 3위였던 일본은 13년 만에 독일에 3위 자리를 내주고 4위로 밀려났어요.

㉡GDP란 한 나라의 경제 활동 수준을 알 수 있는 '국내 총생산'을 말해요. 이는 1년 동안 한 나라 안에서 생산된 모든 물건과 서비스를 그 나라 돈의 값으로 나타낸 것이에요. 이 GDP를 통해 한 나라의 경제 활동 규모를 알 수 있고 다른 나라와 비교할 수도 있어요.

㉢2023년 GDP 세계 1위는 26조 달러가 넘는 미국이고, 2위는 17조 달러가 넘는 중국이에요. 일본은 예전엔 미국 다음으로 경제 규모가 컸는데, 2010년에 중국에 2위를 내주고 이제는 독일에 3위 자리마저 내주었지요. 이는 일본의 경제 활동이 활발하지 않고 엔화 값이 싸진 결과예요. 이런 **추세**가 이어지면 일본은 2026년에 5위인 인도에 따라잡힐 수 있다는 **전망**도 나오지요.

㉣2023년 우리나라의 GDP는 2조 달러에 조금 못 미쳐 13위를 기록했어요. 몇 년 전에는 우리나라가 2년 연속 세계 10위를 차지하기도 했지요. 앞으로 세계 GDP 순위는 또 어떻게 바뀔까요? 세계 경제가 어떻게 흘러갈지 관심 있게 지켜보도록 해요.

- **생산**(生 날 생, 産 낳을 산) 인간이 생활하는 데 필요한 각종 물건을 만들어 냄.
- **추세**(趨 달릴 추, 勢 기세 세) 어떤 현상이 일정한 방향으로 나아가는 경향.
- **전망**(展 펼 전, 望 바라볼 망) 앞날을 헤아려 내다봄. 또는 내다보이는 장래의 상황.

옥 쌤의 독해 교실

2. 중심 문장 파악하기

1 ㉠ 문단에서 가장 중요한 문장은 무엇인가요?

① 2024년 2월 15일, 일본 정부는 2023년 일본의 GDP가 591조 4,820억 엔이라고 발표했어요.
② 달러로는 4조 2,106억 달러로, 독일의 지난해 GDP인 4조 4,561억 달러에 비해 2,455억 달러 적어요.
③ 원래 세계 3위였던 일본은 13년 만에 독일에 3위 자리를 내주고 4위로 밀려났어요.

중심 문장은 문단의 처음이나 끝에 있는 경우가 많아.

2 ㉡과 ㉢ 문단의 중심 문장을 쓴 것입니다. 문장을 완성해 보세요.

- ㉡ 문단: GDP란 한 나라의 경제 활동 수준을 알 수 있는 ☐☐ ☐☐☐을 말해요.

- ㉢ 문단: 일본은 예전엔 ☐☐ 다음으로 경제 규모가 컸는데, 2010년에 ☐☐에 2위를 내주고 이제는 ☐☐에 3위 자리마저 내주었지요.

한 문단에는 하나의 중심 문장이 있어.

GDP만 높으면 잘사는 나라일까?

한 나라의 경제 상황을 알아보려면 국내 총생산량인 GDP 말고도 국민 총생산량인 GNP, 국제 수지, 경제 성장률, 실업률 등을 모두 함께 따져 보아야 해. 그래서 GDP만 높다고 해서 잘사는 나라라고 하기 어렵지. 그리고 진짜 '잘사는 나라'인지 알려면 경제 상황 외에도 그 나라 국민의 삶의 질이나 복지 수준 등도 함께 살펴보아야 해.

우리 모두를 살펴봐야 해.

과일 안 사는 한국… 비싸서 못 먹는다

과일값이 비싸지면 과일을 재료로 하는 다른 식품의 가격까지 올라요. 그래서 비싼 과일값이 다른 물건들의 값을 올리는 한 원인이 되고 있어요.

㉠대형 마트 사과 선반 앞, 사람들이 선뜻 사과를 집어 들지 못하고 있어요. 사과 한 개 가격이 5,000원이 넘거든요. 그야말로 '금사과'지요. 여기에서 알 수 있듯이 한국인의 과일 **소비량**은 크게 줄어들었어요.

㉡2024년 3월 10일에 발표한 조사에 따르면 한국인 1인당 과일 소비량이 지난 15년간 5분의 1 가까이 줄어든 것으로 나타났어요. 1인당 연간 과일 소비량이 2007년에는 67.9kg이었는데 2022년에는 55.0kg이었지요.

㉢과일 소비량이 줄어든 이유는 과일값이 너무 비싸졌기 때문이에요. 통계청 발표에 따르면 2024년 3월 기준 과일 가격이 작년보다 40.3% 올랐어요. 특히 사람들이 많이 찾는 사과와 배는 작년에 비해 각각 88.2%, 87.8% 올랐지요. 복숭아, 귤, 감, 수박 등 주요 과일값도 32년 만에 **최고치**를 기록했어요.

㉣과일값이 비싸진 이유는 지구 온난화로 인한 기후 변화로 과일 생산량이 줄었기 때문이에요. 귤은 생산량이 줄지 않았는데 다른 과일값이 비싸져서 사람들이 대신 귤을 많이 사자 값이 덩달아 올랐어요.

㉤비싸진 과일값을 잡기 위해 정부는 여러 대책을 내놓고 있지만 큰 효과는 보지 못하고 있어요. 과일, 채소의 하루 **권장량**인 500g을 먹는 사람이 10명 중 2명뿐일 정도로 과일 소비가 줄어들었는데, 언제까지 이런 비싼 과일값을 감당해야 하는지 걱정하는 목소리가 높아요.

- **소비량**(消 꺼질 소, 費 쓸 비, 量 헤아릴 량) 돈이나 물건 등을 쓰는 양.
- **최고치**(最 가장 최, 高 높을 고, 値 값 치) 가장 높은 값.
- **권장량**(勸 권할 권, 奬 장려할 장, 量 헤아릴 량) 건강을 위해 먹기를 추천하는 양.

2. 중심 문장 파악하기

1 글쓴이가 ㉠ 문단에서 전하고 싶은 가장 중요한 말은 무엇일까요?

① 사과 한 알의 가격이 5,000원을 넘는다.
② 비싼 사과를 '금사과'라고 한다.
③ 한국인의 과일 소비량이 크게 줄었다.
④ 사람들이 대형 마트에서 장을 많이 본다.

한 문단에는 하나의 중심 문장과 여러 개의 뒷받침 문장이 있어.

2 글쓴이가 ㉡ 문단에서 다음 문장을 통해 전하려는 말을 완성해 보세요.

- 2024년 3월 기준 과일 가격이 작년보다 40.3% 올랐어요.
- 사과와 배는 작년에 비해 88.2%, 87.8% 올랐지요.
- 주요 과일값도 32년 만에 최고치를 기록했어요.

⇩

과일 ☐☐☐ 이 줄어든 이유는 과일값이 너무 ☐☐ 졌기 때문이에요.

뒷받침 문장은 중심 문장을 자세히 설명해 줘.

사과 값 세계 1위인 나라는? 한국!

2024년 3월 30일, 한 가격 통계 조사 결과에 따르면 세계 95개국 중에서 사과 값이 가장 비싼 나라가 한국인 것으로 밝혀졌어. 사과뿐만이 아니라 바나나, 감자, 오렌지의 가격도 세계 1위를 차지했고, 토마토와 양파 값은 세계 2위였지. 이제 한국은 과일과 채소가 세계에서 제일 비싼 나라로 불리게 되었어.

3만 원권 세뱃돈? 글쎄, 아직은…

우리나라의 돈을 만들고 관리하는 일은 한국은행이 맡고 있어요. 돈을 찍어 내는 일은 한국 조폐 공사가 담당하고 있지요.

2023년 설을 앞두고 한 유명 가수가 누리 소통망(SNS)에 3만 원권이 있으면 조카들 세뱃돈 주기에 좋겠다고 올린 글이 많은 **공감**을 받았어요. 세뱃돈으로 1만 원은 적고 5만 원은 부담스럽다고 생각하는 사람들이 많았거든요. 3만 원권이 있다면 편리할 것 같은데, 왜 만들지 않는 걸까요?

첫 번째 이유는 돈을 새로 만드는 데 드는 비용 때문이에요. 새로운 돈을 만드는 데에는 돈의 모양과 그림을 디자인하는 비용, 돈을 찍어 내는 비용, 그리고 현금자동입출금기(ATM)를 **교체**하는 비용이 들어요. 2009년에 처음 5만 원권이 만들어졌을 때 현금자동입출금기 교체 비용만 약 4,000억 원이 들었어요. 이렇게 큰 비용을 들여 3만 원권을 만들 필요가 없다는 거죠.

두 번째 이유는 우리나라에서 현금을 쓰는 일이 줄어들고 있기 때문이에요. 한국은행에 따르면 물건을 사고 현금을 내는 비율이 15%도 되지 않는다고 해요. 신용 카드나 모바일 **결제**가 늘어났기 때문이에요. 이렇게 현금 사용이 많지 않으니 3만 원권을 만들 필요가 없다는 거죠.

세 번째 이유는 3만 원권을 만들기 바라는 사람이 많지 않다는 거예요. 실제로 한국은행의 조사에 따르면 3만 원권은 필요 없다는 의견이 대다수였어요.

이런 이유로 3만 원권은 당장 만들어질 것 같지 않아요. 한국은행은 3만 원권에 대한 요구가 커지면 그때 다시 논의해 보겠다고 밝혔어요.

- **공감**(共 함께 공, 感 느낄 감) 남의 감정, 의견, 주장 등에 대하여 자기도 그렇다고 느낌.
- **교체**(交 서로 교, 替 바꿀 체) 사람이나 사물을 다른 사람이나 사물로 대신함.
- **결제**(決 결정할 결, 濟 건널 제) 돈을 주고받아 거래를 끝맺는 일.

3. 세부 내용 파악하기

1 3만 원권을 만들지 않는 이유입니다. 기사에서 알맞은 말을 찾아 문장을 완성해 보세요.

첫째, 돈을 새로 만드는 데 드는 ☐☐ 때문입니다.

둘째, ☐☐을 쓰는 일이 줄어들고 있기 때문입니다.

셋째, 3만 원권을 만들기 바라는 사람이 많지 않기 때문입니다.

2~4문단에 3만 원권을 만들지 않는 이유가 쓰여 있어.

2 다음 중 <u>잘못된</u> 것을 찾아 기호를 쓰고 바르게 고쳐 보세요.

각 문단의 뒷받침 문장에서 자세한 내용을 확인할 수 있어.

㉠ 2009년에 처음 5만 원권을 찍어 내는 데 모두 합해 4,000억 원이 들었다.
㉡ 한국은행의 조사에서 3만 원권은 필요 없다는 의견이 대다수였다.

• 잘못된 것: _____

• 바르게 고치기: _____

1998년도 500원 동전이 수백만 원에 팔린다고?

현금 사용이 줄어들면서 동전을 귀찮게 생각하는 사람들이 많아졌어. 그런데 주머니 속 동전을 한번 자세히 살펴보면 좋을 거야. 1998년에 만들어진 500원짜리 동전은 수집가들 사이에서 수십에서 수백만 원에 팔린다고 하거든. 한국은행이 1998년에 500원 동전을 8,000개만 만들었기 때문에 쉽게 볼 수 없어 그렇게 비싸진 거야.

경제

'책가방만 한 컵라면, 얼굴만 한 크림빵' 클수록 잘 팔린다!

재미와 즐거움 때문에 물건을 사는 사람들을 '펀슈머(funsumer)'라고 해요. 재미를 뜻하는 '펀(fun)'과 소비자를 뜻하는 '컨슈머(consumer)'를 합친 말이에요.

"오늘 딱 한 개 들어왔는데 방금 팔렸어요." 한 손님이 새로 나온 크림빵을 찾아 여러 곳의 편의점을 돌았지만 허탕이었어요. 도대체 무슨 크림빵이었을까요?

2024년 2월, 한 기업이 크림빵이 나온 지 60주년을 **기념**해 원래보다 6.6배 커진 크림빵을 판매했어요. 지름이 25cm나 되는 이 크림빵으로 얼굴을 가리고 찍은 사진이나 6분 안에 빵을 먹는 영상이 온라인에서 유행했어요. 인기가 높아지자 **품절** 현상이 일어나 온라인에서 원래 가격보다 비싼 값에 팔릴 정도였지요.

이렇게 원래보다 크게 만들어 파는 제품은 '점보 제품'이라고 불리며 인기를 끌고 있어요. 그 시작은 2023년 5월, 한 라면 회사에서 내놓은 8.5배 커진 **대용량** 컵라면이었지요. 사람들은 이 컵라면 먹는 영상을 누리 소통망(SNS)에 올리기 시작했고, 이것이 유행이 되자 3일 만에 5만 개가 팔렸어요. 뒤이어 4배 커진 점보 삼각김밥까지 나오게 되었어요.

점보 제품 인기의 원인은 높은 물가로 어려워진 경제 상황에서 사람들이 용량이 큰 제품을 찾기 때문이에요. 낱개로 여러 개 사는 것보다 점보 제품 하나를 사는 것이 10% 정도 더 싸거든요. 또 재미로 이런 점보 제품을 사기도 하죠. 하지만 필요 이상으로 큰 제품을 단지 재미로 사는 것은 음식을 낭비하고 환경과 건강에 나쁜 영향을 미친다는 걱정도 커요. 과연 이런 점보 제품은 반짝 인기를 넘어 꾸준히 팔릴 수 있을까요?

- **기념**(記 기록할 기, 念 생각할 념) 뜻깊은 일이나 훌륭한 인물 등을 오래 잊지 않고 마음에 간직함.
- **품절**(品 물건 품, 切 끊을 절) 물건이 다 팔리고 없음.
- **대용량**(大 큰 대, 容 그릇 용, 量 양 량) 아주 큰 분량.

옥 쌤의 독해 교실

3. 세부 내용 파악하기

1 기사에 나온 점보 제품의 크기를 비교한 것입니다. 알맞은 문장이 되도록 선으로 이어 보세요.

> 기사에 나오는 수를 눈여겨봐.

- 2024년 2월에 나온 점보 크림빵은 원래 크림빵보다 • • 6.6배 크다.
- 2023년 5월에 나온 점보 컵라면은 원래 컵라면보다 • • 4배 크다.
- 점보 삼각김밥은 원래 삼각김밥보다 • • 8.5배 크다.

2 점보 제품의 장점과 단점을 정리한 것입니다. 문장을 완성해 보세요.

> 네 번째 문단에서 점보 제품의 장점과 단점에 대해 설명하고 있어.

장점	• 낱개로 여러 개 사는 것보다 점보 제품 하나를 사는 것이 ☐ % 정도 더 싸다. • 재미있다.
단점	• 음식을 낭비한다. • 환경과 ☐ 에 나쁜 영향을 미친다.

지식 쏙쏙

재미있어야 팔린다! 펀슈머를 사로잡은 상품들

점보 제품처럼 소비자에게 재미를 주어 관심을 끄는 상품들이 속속 나오고 있어. 인기 있는 캐릭터를 이용하거나 온라인에서 주목받을 만한 재치 있는 상품을 내놓기도 하지. 한 핫도그 회사에서 내놓은 오이 핫도그, 시리얼 회사에서 소비자 투표를 받아 만든 파 맛 시리얼처럼 말이야. 또 한 햄버거 회사는 40자 정도 되는 긴 이름의 햄버거로 눈길을 끌기도 했어.

경제

치솟는 금값, 왜 이렇게 비싸졌나?

금은 잘 변하지 않는 성질이 있어요. 옛날에는 돈으로 사용될 정도로 오랫동안 그 가치를 인정받았지요. 그래서 사람들은 금을 안전한 재산이라고 생각하게 되었어요.

2024년 3월, 금값은 한 **돈**(약 3.75g)에 40만 원을 넘었어요. 한국금거래소가 금값을 발표한 이래 최고였지요. 2000년에 5만 원이던 한 돈짜리 돌 반지 가격은 2020년 30만 원을 넘더니, 2024년 3월 말에는 44만 원을 넘었어요. 한국금거래소는 2024년 3월 한 달간 금값이 10% 이상 치솟는 등 정상적인 **범위**를 벗어났다고 했지요. 금값이 크게 오른 것은 우리나라뿐만 아니라 세계의 다른 나라들도 마찬가지였어요. 왜 이렇게 전 세계적으로 금값이 치솟은 걸까요?

금값이 비싸진 것은 세계 경제의 불안과 관련이 있어요. 몇 년째 계속되고 있는 러시아와 우크라이나의 전쟁, 이스라엘과 하마스의 전쟁으로 세계 경제는 매우 불안하지요. 그러자 사람들은 돈보다 안전한 금을 사들였어요. 경제가 안 좋아지면 돈은 가치가 떨어지기 쉬운데 금은 가치가 떨어질 위험이 적거든요. 경제 불안을 걱정한 나라들도 금을 사들였어요. 2023년, 중국은 225톤의 금을 샀고, 폴란드는 130톤의 금을 사들였지요. 여러 나라가 금을 사들이자 금값이 올랐어요. 여기에 미국이 2024년 안에 은행 **이자**를 낮추어 달러값이 싸질 거라는 예상까지 나오자 금을 찾는 사람이 늘어나 금값은 더 올랐어요.

이처럼 금값은 세계 경제 상황에 따라 변해요. 금값이 계속 오를지, 떨어질지는 세계 경제 상황을 지켜보아야 알 수 있어요.

- **돈** 귀금속이나 한약재 등의 무게를 재는 말.
- **범위**(範 법 범, 圍 둘레 위) 어떤 것이 미치는 한계.
- **이자**(利 이로울 리, 子 이자 자) 남에게 돈을 빌려 쓴 대가로 치르는 일정한 비율의 돈.

옥 쌤의 독해 교실

4. 한 문장으로 정리하기

1 금값이 오른 이유를 정리한 것입니다. 알맞은 말에 ○표 하세요.

> 글의 내용을 정리하면 중요한 것을 한눈에 파악할 수 있어.

| 러시아와 우크라이나, 이스라엘과 하마스의 (전쟁 / 평화)(으)로 세계 경제가 불안하다. | 미국이 은행 이자를 (높여 / 낮추어) 달러값이 (비싸질 / 싸질) 거라는 예상이 나왔다. |

⇩

사람들은 돈보다 안전한 금을 (사들였다 / 팔았다).

⇩

금값이 올랐다.

2 금값이 앞으로 어떻게 변할지 바르게 정리한 것은 무엇인가요?

① 금값은 계속 오를 것이다.
② 금값은 떨어질 것이다.
③ 금값은 변하지 않을 것이다.
④ 금값은 세계 경제 상황에 따라 오를 수도, 떨어질 수도 있다.

> 세 번째 문단에서 금값이 어떻게 변할지 설명하고 있어.

우리나라의 금이 영국에 있다고?

다른 나라들은 금값이 오르자 정부가 나서 금을 사들였지만, 우리나라는 안전하게 투자해야 한다는 이유로 10년째 금을 더 사지 않고 있어. 104.4톤의 금을 가지고 있는 우리나라는 금 보유량 세계 36위지. 그런데 우리나라의 이 금은 모두 영국의 중앙은행에 보관되어 있어. 영국은 금 거래가 편리하고 보관하는 값도 싸기 때문이야.

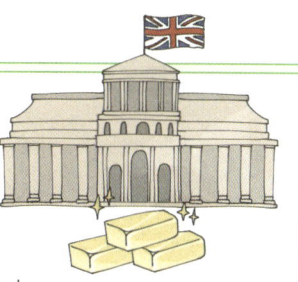

2023년 우리나라 살림 결과는? 87조 적자!

우리나라 정부 기관 중에는 기획 재정부라는 곳이 있어요. 이 기관은 나라 살림 등 경제 전반에 관한 업무를 맡고 있지요.

여러분은 용돈 기입장을 써 본 적이 있나요? 내가 받은 용돈이 얼마이고 무엇을 사는 데 얼마를 썼는지 정리하면 나의 **수입**과 **지출**을 한눈에 파악할 수 있어요. 이와 마찬가지로 회사나 나라도 수입과 지출을 정리하지요. 이때 수입이 지출보다 많으면 '흑자'라고 하고, 지출이 수입보다 많으면 '적자'라고 해요. 그러니까 흑자는 **이익**을 본 금액이고, 적자는 **손해**를 본 금액이지요. 그런데 2023년 우리나라 살림 결과는 적자가 크다는 소식이 전해졌어요.

2024년 4월 11일, 우리나라 정부는 2023년 나라 살림에서 87조 원의 적자가 났다고 발표했어요. 이것은 세금으로 거둔 총수입에서 나라 운영을 위해 쓴 총지출을 빼서 계산한 결과예요. 정부는 원래 2023년 적자 수준을 58조 원으로 관리하겠다고 목표를 세웠지만 실제 결과는 29조 원 더 손해가 났어요. 87조 원의 적자는 코로나19 위기 때를 빼고 1998년 이후 가장 큰 규모예요. 2023년에 이렇게 큰 적자가 난 것은 우리나라 경제 상황이 좋지 않았고, 정부가 세금을 깎아 주는 정책을 펼쳐 세금 수입이 줄어들었기 때문이에요. 2023년 총수입은 573조 9,000억 원으로, 예상보다 56조 4,000억 원의 세금이 덜 들어왔어요.

이 결과를 발표한 정부는 국민에게 나라 살림을 잘못하고 있다는 비판을 받았어요. 여기에 우리나라가 진 빚도 사상 최대 금액인 1,126조 원이 넘는다는 결과까지 더해져 정부에 대책을 요구하는 목소리가 높아지고 있어요.

- **수입**(收 거둘 수, 入 들 입) 돈이나 물품 등을 거두어들임. 또는 그 돈이나 물품.
- **지출**(支 치를 지, 出 날 출) 어떤 목적을 위하여 돈을 지급하는 일.
- **이익**(利 이로울 이, 益 더할 익) 물질적으로나 정신적으로 보탬이 되는 것.
- **손해**(損 덜 손, 害 해로울 해) 물질적으로나 정신적으로 들인 값보다 적게 얻은 것.

옥 쌤의 독해 교실

4. 한 문장으로 정리하기

1 두 번째 문단에서 알 수 있는 내용을 한 문장으로 바르게 정리한 것은 무엇인가요?

① 2023년 우리나라 정부는 87조 원의 이익을 봤다.
② 2023년 우리나라 정부는 29조 원의 손해를 봤다.
③ 2023년 우리나라 정부는 87조 원의 손해를 봤다.
④ 2023년 우리나라 정부는 58조 원의 손해를 봤다.

첫 번째 문단에서 이익과 손해의 뜻을 살펴봐.

2 기사를 읽고 사건이 일어난 순서대로 바르게 정리한 것을 고르세요.

㉠ 국민에게 나라 살림을 잘못하고 있다는 비판을 받았다.
㉡ 정부가 세금을 깎아 주는 정책을 펼쳤다.
㉢ 세금 수입이 줄어들었다.
㉣ 2023년 나라 살림에서 큰 적자가 났다.

① ㉠ - ㉡ - ㉢ - ㉣
② ㉣ - ㉠ - ㉡ - ㉢
③ ㉡ - ㉢ - ㉣ - ㉠
④ ㉢ - ㉠ - ㉡ - ㉣

사건의 원인과 결과를 순서대로 정리하면 글의 내용을 더 잘 이해할 수 있어.

지식 쏙쏙

왜 이익을 '흑자', 손해를 '적자'라고 할까?

'흑자(黑字)'와 '적자(赤字)'의 원래 뜻은 '검은 글자(흑자)', '붉은 글자(적자)'야. 옛날에는 장부를 검은색 잉크로 썼는데 돈이 없으면 잉크를 살 수 없어서 동물의 피로 대신 썼다고 해. 그래서 이익이 났을 때는 검은색 글자, 손해가 났을 때는 빨간색 글자로 기록했지. 이것에서 이익을 흑자, 손해를 적자라고 부르게 되었어.

나랏빚 많다는데, 돈을 많이 찍어 갚으면 어떨까요?

나랏빚이란 한 나라가 다른 나라나 기관으로부터 빌린 돈을 말해요. 나라가 빚을 지면 국민 모두가 그 빚을 짊어지는 것과 같아요.

2024년 4월 11일, 지아의 아버지께서 뉴스를 보며 한숨을 쉬셨어요. 2023년 우리나라의 빚이 1,126조 7,000억 원이나 된다는 소식 때문이었지요. 이것은 지금껏 최고로 많은 금액이었어요. 이 나랏빚을 우리나라 국민 수로 나누어 계산하면 한 사람당 약 2,179만 원의 빚을 지고 있는 셈이에요. 걱정하는 아버지의 모습을 보고 지아는 생각했어요. '돈을 많이 찍어 내서 빚을 다 갚으면 안 될까?'

실제로 예전에 지아와 같은 생각을 했던 나라들이 있었어요. 독일, 짐바브웨, 베네수엘라 등은 나랏빚을 갚고 **경제**를 좋아지게 하겠다는 이유로 돈을 마구 찍어 낸 적이 있었지요. 하지만 그 결과는 예상과 달랐어요. 돈이 많아진 사람들이 물건을 많이 사자 돈의 **가치**는 떨어지고 물건값은 올랐어요. 당시 독일에서는 빵 하나를 사려면 수레에 돈을 담아 가야 할 정도였다고 해요. 짐바브웨에서는 달걀 하나에 500억 짐바브웨 달러를 주어야 했고, 베네수엘라에서는 돈의 가치가 너무 없어져서 돈으로 가방을 만들어 파는 일도 벌어졌어요. 이렇게 세 나라의 돈이 가치가 없어지자 다른 나라에서도 그 나라들의 돈을 받지 않으려고 했어요. 결국 세 나라는 엄청난 경제 위기에 빠졌어요.

이렇게 함부로 돈을 찍어 내는 일은 매우 위험해요. 나랏빚을 갚기 위한 가장 좋은 방법은 경제가 잘 돌아가게 해서 정부의 **세금** 수입을 늘리는 거랍니다.

- **경제** (經 다스릴 경, 濟 구할 제) 사람들이 사는 데 필요한 것을 만들고 나누고 쓰는 모든 활동.
- **가치** (價 값 가, 値 값 치) 사물이 지니고 있는 쓸모.
- **세금** (稅 거둘 세, 金 돈 금) 나라에 필요한 일에 쓰기 위해 국민에게 강제로 거두는 돈.

생각 넓히기

1. 적용 및 추론하기

1 나라에서 돈을 많이 찍어 내면 어떤 일이 생길지 선으로 이어 보세요.

> 기사에 나온 다른 나라의 사례를 우리나라에 적용해 볼 수 있어.

- 돈을 많이 찍어 낸다.
- 사람들이 물건을 많이 산다.
- 사람들이 물건을 적게 산다.
- 돈의 가치가 높아진다.
- 돈의 가치가 낮아진다.
- 물건의 가격이 높아진다.
- 물건의 가격이 낮아진다.

2 다음 중 바르게 추론한 것은 무엇일까요?

① 우리나라는 그동안 나랏빚을 많이 줄였다.
② 1,126조 7,000억 원을 2,179만 원으로 나누면 우리나라의 인구가 약 5,170만 명인 것을 알 수 있다.
③ 우리나라에서 돈을 많이 찍어 내면 나랏빚을 금방 갚을 수 있다.
④ 독일, 짐바브웨, 베네수엘라는 나라에서 빚을 진 적이 없다.

> 추론하기 위해서는 글 속에 숨어 있는 '단서'를 찾아야 해.

지식 쏙쏙

100조짜리 지폐가 있다고?

돈의 가치가 너무 떨어졌던 짐바브웨에서는 물건을 사려면 엄청나게 많은 돈이 필요했어. 사람들이 불편해하자 짐바브웨는 큰 금액의 돈을 새로 만들었고, 이때 100조 짐바브웨 달러 지폐까지 만들어졌어. '0'이 14개나 있는 이 지폐는 당시 우리나라 돈으로 약 4천 원 정도의 가치였다고 해. 사람들은 지금은 쓸 수 없는 이 돈을 재미로 수집하기도 한대.

김값이 '금값', 왜 이렇게 올랐나요?

물건값은 생산하는 양과 소비하는 양에 따라 달라져요. 예를 들어, 생산이 적고 소비가 많으면 물건값은 오르게 되지요.

저렴한 가격에 맛도 좋고 건강에도 좋아 우리 밥상에 자주 오르던 김이 이제는 비싸져서 사 먹기 어려워질 것 같아요. 2024년 5월 한국해양수산개발원의 발표에 따르면 김 한 **속**(100장)의 가격은 1만 89원으로, 2022년까지 5,000원 이하였던 것에 비해 거의 두 배 가까이 올랐어요. 게다가 이 가격은 한꺼번에 많이 살 때의 가격으로, 실제 사람들이 내는 가격은 더 비싸요. 2024년에는 우리나라 김 생산량이 작년보다 6.3% 늘었는데, 김값이 왜 이렇게 오른 걸까요?

그 까닭은 우리나라 김 수출량이 늘어났기 때문이에요. 세계적으로 김과 김밥의 인기가 높아지면서 김을 찾는 사람이 많아졌어요. 그런데 지구 온난화로 인해 일본과 중국 등지의 김 생산량이 줄어들자 여러 나라에서 한국 김을 더 많이 수입했지요. 한국 김은 현재 124개국에 수출되는데 세계에서 팔리는 김의 약 70%가 한국 김이라고 해요.

하지만 김 수출량이 늘어나면서 우리나라에는 김이 부족해졌어요. 김을 사려는 사람들은 줄어들지 않았는데 김은 모자라니, 우리나라의 김값은 '**금값**'이 아니냐는 말을 들을 정도로 크게 올랐어요. 게다가 김을 재료로 하는 식품이나 김밥 등의 가격도 따라 오르고 있어요. 여기에 김을 새로 **수확**하는 10월까지 김값이 계속 오를 거라는 소식까지 전해지자, 밥상 물가에 대한 걱정이 커지고 있어요.

- **속**(束 묶을 속) 김을 묶어 세는 말. 한 속은 김 100장.
- **금값** 금에 맞먹을 만큼 비싼 값.
- **수확**(收 거둘 수, 穫 거둘 확) 익은 농작물을 거두어들임.

1. 적용 및 추론하기

1 김의 생산량과 김을 사려는 사람 수에 따라 김값이 어떻게 변할지 정리한 것입니다. 알맞은 말에 ○표 하세요.

- 김의 생산량이 늘어나고 김을 사려는 사람들이 줄어들면 김값이 (오른다 , 내린다).
- 김의 생산량이 줄어들고 김을 사려는 사람들이 늘어나면 김값이 (오른다 , 내린다).

김값이 왜 올랐는지 그 까닭을 잘 살펴봐.

2 2024년 10월 신문에 실릴 기사의 제목으로 가장 어울리는 것은 무엇일까요?

① 김의 인기 갈수록 시들해져
② 깻잎값이 '금값', 외국에서 인기를 끄는 깻잎
③ 드디어 오르기를 멈춘 김값, 새로 수확한 김 덕분
④ 건강을 해치는 김, 김을 그만 먹어야 하는 이유

기사를 통해 앞으로 일어날 일을 예측할 수 있어.

왜 우리나라 김이 세계에서 인기가 있을까?

옛날에 서양 사람들은 김을 '검은 종이'라고 부르며 먹기 싫어했어. 그런데 한국 드라마나 영화가 세계적인 인기를 끌면서 그 작품들에 나온 김과 김밥이 주목받기 시작했어. 게다가 김이 건강에 좋은 식품인 것이 알려지자, 서양 사람들도 김을 많이 찾아 먹게 되었지. 특히 미국에서는 냉동 김밥이 인기를 끌어 한 달 만에 약 250톤이 팔리기도 했어.

경제

판매 종료라더니, 노이즈 마케팅이 뭐길래?

노이즈(noise)는 소음을 의미하고, 마케팅은 상품을 사람들에게 판매하기 위해 하는 활동을 의미해요. 즉, 노이즈 마케팅이란 소음을 이용한 판매 활동이라고 생각할 수 있지요.

  2024년 4월, 햄버거 가게에 사람들이 몰려들었어요. 우리나라 3대 햄버거 회사 중 한 곳에서 40년 동안 판매하던 대표 햄버거를 일주일 뒤 **판매 종료**한다는 광고 때문이었지요. 이 햄버거를 좋아하던 사람들은 마지막으로 사 먹으려고 햄버거 가게를 찾았어요. 여기에 이 햄버거를 사 먹을 수 있는 쿠폰을 사용하려는 사람들까지 몰려들었지요. 그런데 판매 종료하겠다는 날이 되자 새 광고가 떴어요. "40년 만에 더 맛있어진 뉴 ○○ 탄생!" 햄버거 판매를 종료한 것이 아니라 더 맛있게 만들었다는 말이었어요. 이 광고를 보고 사람들은 속았다며 화를 냈어요. 이 햄버거 회사는 왜 이런 거짓말 같은 광고를 한 걸까요?

  이러한 광고 방법을 '노이즈 마케팅'이라고 해요. 상품을 알리기 위해 일부러 문제를 만들어 사람들의 관심을 끄는 방법이지요. 40년 동안 팔았던 햄버거를 더 맛있게 만들었다고 하는 것보다 이 햄버거를 더 이상 팔지 않는다고 해서 사람들의 눈길을 끈 거예요. 실제로 사람들의 관심 덕에 이 햄버거는 더 많이 팔렸고, 새로운 상품이  나왔다는 사실도 확실하게 알릴 수 있었죠. 하지만 노이즈 마케팅이 무조건 좋은 것은 아니에요. 사람들이 속았다는 기분에 그 회사를 믿지 못하게 될 수 있기 때문이지요. 그래서 잠깐의 **주목**을 받기 위한 무리한 '노이즈 마케팅'은 함부로 하지 않는 게 좋아요.

- **판매**(販 팔 판, 賣 팔 매) 상품 등을 팖.
- **종료**(終 마칠 종, 了 마칠 료) 어떤 행동이나 일 등이 끝남.
- **주목**(注 모을 주, 目 눈 목) 관심을 가지고 주의 깊게 살핌. 또는 그 시선.

2. 나의 생각 정리하기

1 노이즈 마케팅에 대한 회사와 고객의 입장을 정리한 것입니다. 빈 곳에 알맞은 단어의 기호를 써 보세요.

> 똑같은 상황에서도 입장에 따라 생각이 달라져.

㉠ 관심　㉡ 악감정　㉢ 속인　㉣ 궁금
㉤ 팔고　㉥ 좋아하는　㉦ 사고　㉧ 사랑하는

[회사] • 고객이 회사에 (　　) 을 갖게 할 수 있을 거야.
　　　• 우리 회사의 상품을 많이 (　　) 싶어.
[고객] • 저 회사에 무슨 일이 있는지 (　　) 해.
　　　• 회사가 고객을 (　　) 거야.

2 노이즈 마케팅에 대한 여러분의 생각을 써 보세요.

> 모든 일에는 긍정적인 면과 부정적인 면이 있어. 노이즈 마케팅은 어떤 면이 더 크다고 생각하니?

노이즈 마케팅은 적절히 사용하는 것이 좋다.	노이즈 마케팅은 함부로 해서는 안 된다.
사람들의 관심을 끌면서 회사의 상품을 알릴 수 있다.	회사의 이미지가 부정적으로 남고, 사람들에게 신뢰를 잃을 수 있다.

노이즈 마케팅은 _____

왜냐하면 _____

🍔 햄버거 노이즈 마케팅이 성공한 또 다른 사례

2020년, 또 다른 햄버거 회사에서 "7월 1일부로 버거 접습니다." 라는 광고를 냈어. '접다'가 '꺾어서 겹치다'라는 뜻과 '일을 그만두다'라는 뜻을 함께 가지고 있는 것을 이용한 광고였지. 처음에는 햄버거를 더 이상 만들지 않겠다는 뜻으로 보였지만, 접어서 먹는 햄버거가 나온다는 것을 눈치챈 사람들은 재미있어했고 이 노이즈 마케팅은 성공했어.

경제

왜 가게 치킨값이 마트보다 두 배 넘게 비쌀까?

재료 구매력이란 업체가 시장에서 갖는 구매 능력을 뜻해요. 큰 업체는 시장에서 물건을 한꺼번에 많이 사들이기 때문에 더 싼값에 살 수 있어요.

많은 사람이 좋아하는 치킨, 이제는 쉽게 사 먹기 힘든 음식이 되었어요. 2024년 4월, 많은 치킨 회사가 치킨값을 올려 이제 한 마리에 2만 원을 훌쩍 넘겼거든요. 배달료까지 포함하면 한 마리의 값이 거의 3만 원에 달해요. 그래서 사람들은 대형 마트로 발길을 돌리고 있어요. 마트에서는 치킨 한 마리를 1만 원 정도에 살 수 있거든요. 그렇다면 왜 가게 치킨은 마트보다 두 배 넘게 비쌀까요?

첫째, 재료 **구매력**의 차이 때문이에요. 마트는 닭을 파는 업체와 계약을 맺고 대량으로 사들이기에 3,500~5,000원에 닭을 살 수 있어요. 하지만 치킨 가게는 본사에서 닭을 **공급**받기에 더 비싼 데다가 본사에 내는 **수수료**도 붙어요. 그러면 닭 한 마리에 6,000원 정도에 사게 되죠. 둘째, 사용되는 기름의 차이 때문이에요. 마트는 값싼 콩기름을 쓰지만, 치킨 가게는 올리브유처럼 비싼 기름을 써요. 또 치킨 가게는 마트보다 광고나 포장 비용을 더 내야 하고, 배달 업체에 내는 돈도 많아요. 이런 이유로 가게 치킨이 마트보다 비싸게 된 것이지요.

사실 마트도 치킨을 1만 원에 팔아서 큰 이익을 보지는 못해요. 하지만 사람들이 치킨을 사러 마트에 오면 다른 상품도 사기 때문에 1만 원에 치킨을 계속 파는 거예요. 반면, 치킨 가게는 그렇게 할 수 없어서 치킨값을 더 비싸게 받는 것이죠.

- **구매력**(購 살 구, 買 살 매, 力 힘 력) 개인이나 단체가 물품이나 노동력을 살 수 있는 능력.
- **공급**(供 줄 공, 給 줄 급) 요구나 필요에 따라 물품 등을 제공함.
- **수수료**(手 손 수, 數 셀 수, 料 값 료) 어떤 일을 맡아 처리해 준 데 대한 대가로서 주는 돈.

2. 나의 생각 정리하기

1 대형 마트에서 치킨을 싸게 파는 것에 대해 여러분의 생각과 가장 비슷한 것을 골라 보세요.

① 가격을 정하는 건 대형 마트의 권한이에요. 따라서 마트에서 치킨을 싸게 팔아도 괜찮아요.
② 대형 마트는 치킨을 팔지 않아도 장사가 잘될 거예요. 치킨 가게를 위해 마트는 치킨을 팔지 말아야 해요.
③ 대형 마트에서 치킨을 싸게 팔면 치킨 가게가 어려워질 거예요. 마트에서 치킨을 팔지 못하게 해야 해요.
④ 치킨 가게의 치킨이 대형 마트보다 더 맛있다면 비싸더라도 손님들이 치킨을 사 먹을 거예요.

치킨 가격에 대해서는 대형 마트, 치킨 가게, 소비자 입장에서 다양하게 생각해 볼 수 있어.

2 자유와 평등에 대해 여러분의 생각을 써 보세요.

> **자유**: 다른 사람의 영향을 받지 않고 자기 마음대로 할 수 있는 상태
> **평등**: 모두가 차별 없이 고르고 한결같은 상태

저는 (자유 / 평등)가/이 더 중요하다고 생각해요.

그 이유는 _____

_____

자유를 너무 중요하게 생각하면 평등을 소홀히 하게 돼. 반대로 평등을 너무 중요하게 여기면 개인의 자유를 침해할 수 있어.

소비자를 낚는 '미끼 상품'이란?

대형 마트에서 이익을 남기지 못해도 싼값에 파는 치킨 같은 것을 '미끼 상품'이라고 해. 미끼 상품은 사람들을 끌어들이기 위해 원래 가격보다 싸게 파는 물건을 말하지. 사람들은 미끼 상품을 보고 그곳에서 파는 다른 상품들도 모두 싼 것처럼 느끼게 돼. 그래서 그 미끼 상품을 사러 왔다가 다른 상품까지 함께 사는 경우가 많아.

옥 쌤의 쏙쏙 어휘

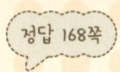

높아지는 **(물건의 값)**(으)로 인해 사람들의 걱정이 많아지고 있어요. 물건이 비싸지면서 사람들이 **(돈이나 물건을 써서 없앰)**을/를 줄이게 되어, **(생활하는 데 필요한 물건을 만들어 냄)**된 물건들이 잘 팔리지 않는다고 해요. 항상 **(물건이 다 팔리고 없음)**되던 물건들도 이제는 가게마다 남아 있다고 해요. 은행에 저축해서 받는 **(돈을 빌려 쓴 대가로 치르는 일정한 비율의 돈)**보다 물건의 가격이 더 많이 올라 힘든 시기를 보내고 있어요.

★ 위의 문장을 알맞은 어휘를 사용하여 바꾸어 볼까요?

높아지는 _____(으)로 인해 사람들의 걱정이 많아지고 있어요. 물건이 비싸지면서 사람들이 _____을/를 줄이게 되어, _____된 물건들이 잘 팔리지 않는다고 해요. 항상 _____되던 물건들도 이제는 가게마다 남아 있다고 해요. 은행에 저축해서 받는 _____보다 물건의 가격이 더 많이 올라 힘든 시기를 보내고 있어요.

팽팽 토론

누리 소통망(SNS)에서 3만 원권 지폐가 있으면 좋겠다는 글이 많은 공감을 받았어요. 우리나라 지폐는 1천 원, 5천 원, 1만 원, 5만 원 총 4종류가 있는데, 3만 원짜리 지폐를 하나 더 만들자는 의견이죠. 여러분은 이에 대해 어떻게 생각하나요?

> 3만 원권 지폐를 새로 만드는 것이 좋을까? 아니면 만들지 않는 것이 좋을까?

저는 3만 원권 지폐를 새로 만드는 것이 좋다고 생각해요.

왜냐하면 1만 원은 적고 5만 원은 부담스럽기 때문이에요. 그 중간인 3만 원권 지폐를 만든다면 물건을 계산하거나 용돈을 받을 때 더 편리할 거예요.

저는 3만 원권 지폐를 만들지 않는 것이 좋다고 생각해요.

왜냐하면 새 돈인 3만 원권 지폐를 만드는 데 큰 비용이 들기 때문이에요. 굳이 많은 돈을 들여 자주 쓰지 않는 지폐를 만들 필요가 없다고 생각해요.

저는 _____

왜냐하면 _____

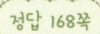

엄마와 함께 저녁거리를 사러 마트에 들렀어. 마트에서는 '산지* 직송' 특별 행사를 하고 있었지. 산지 직송이란 중간 과정을 거치지 않고 제품을 생산지에서 바로 소비자에게 보내는 것을 말하는데, 덕분에 신선한 물건을 싸게 살 수 있었어. 이런 행사가 자주 열렸으면 좋겠다!

*산지: 생산되어 나오는 곳.

이곳에 농산물이 아닌 것이 7개 있어. 한번 찾아볼까?

[찾을 물건]
칫솔, 전구, 축구공, 생수병, 햄버거, 테니스공, 머리핀

오잉? 이건 농산물이 아닌데?

4장
세계 이슈

전쟁　　　　　　　　난민　　　　　　　　매미 떼

　　　　　　펭귄　　　　　SNS 금지

　　투우　　　　　　　　　　　폭우

우크라이나 전쟁 3년째, 평화는 과연 언제쯤?

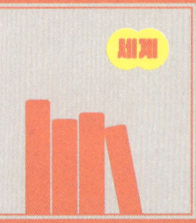

우크라이나와 러시아는 천연가스와 곡물이 많이 나는 곳이에요. 그래서 두 나라 사이에 벌어진 전쟁은 세계 경제에 나쁜 영향을 미치고 있어요.

2022년 2월 24일 러시아의 **침공**으로 시작된 우크라이나 전쟁이 2년을 넘기고 3년째로 접어들었어요. 전쟁이 길어지면서 두 나라는 큰 피해를 입었는데, 특히 우크라이나의 피해가 심각해요. 우크라이나는 국토의 11%를 잃고, 13만 명 이상의 군인과 1만 명 이상의 **민간인**이 사망했으며, 약 416만 명의 **피란민**이 발생했어요. 전쟁으로 폐허가 된 우크라이나를 다시 세우려면 약 650조 원의 돈이 필요하다고 해요.

전쟁이 계속되면서 우크라이나를 도와주던 국가들도 점차 지원을 부담스러워하게 되었어요. 미국의 한 조사에서는 응답자의 절반 이상이 우크라이나에 너무 많은 지원을 하고 있다고 답했어요. 게다가 2023년 10월에 이스라엘과 하마스의 전쟁이 일어나자 우크라이나 전쟁에 대한 다른 나라들의 관심과 지원은 더욱 줄어들었어요. 하지만 두 나라는 끝까지 전쟁을 치르겠다는 입장이에요. 우크라이나는 빼앗긴 땅을 다시 찾으려 하고 있고, 러시아는 우크라이나를 하나의 국가로 인정하지 않고 막강한 군사력으로 밀어붙이고 있어요.

전문가들은 2024년 11월에 있을 미국 대통령 선거 결과가 전쟁에 큰 영향을 미칠 것으로 보고 있어요. 우크라이나 지원을 끊겠다는 후보가 대통령에 당선된다면 우크라이나는 위기에 처하게 될 거예요. 길고 참혹한 전쟁이 언제 끝날지 모르는 상황에서, 전 세계 사람들은 두 나라의 평화를 빌고 있답니다.

- **침공**(侵 쳐들어갈 침, 攻 칠 공) 다른 나라를 쳐들어가 공격함.
- **민간인**(民 시민 민, 間 사이 간, 人 사람 인) 관리나 군인이 아닌 일반 사람.
- **피란민**(避 피할 피, 亂 어지러울 란, 民 국민 민) 난리를 피하여 가는 사람.

옥 쌤의 독해 교실

1. 주요 단어 살펴보기

1 전쟁, 평화와 뜻이 비슷한 단어를 찾아 선으로 이어 보세요.

전쟁 •

• 평온
• 안전
• 싸움
• 갈등

평화 •

뜻이 비슷한 단어를 알면 단어의 의미를 더 쉽게 이해할 수 있어.

2 전쟁-평화처럼 서로 뜻이 반대인 단어끼리 짝 지어진 것은 무엇인가요?

> 전쟁: 국가와 국가 사이에 무력을 사용하여 싸움
> 평화: 전쟁이 없이 평온함

① 행복-기쁨　　② 김치-깍두기
③ 용기-배려　　④ 거짓-진실

전쟁-평화처럼 그 뜻이 서로 정반대되는 관계에 있는 말을 반의어라고 해.

3 전쟁하는 두 나라의 이름을 써 보세요.

☐☐☐ 와 ☐☐☐☐☐

우크라이나 전쟁은 왜 일어났을까?

러시아는 우크라이나가 북대서양 조약 기구인 나토(NATO)에 가입하려고 한다는 이유로 2022년 2월 24일에 우크라이나의 수도를 침공했어. 러시아는 자기 나라에 딱 붙어 있는 우크라이나가 러시아와 맞서는 조직인 나토에 가입하면 각종 무기를 들여와 자기 나라에 큰 위협이 될 거라는 이유로 공격을 한 것이지.

수에즈 운하가 막혔다!
먼 길로 돌아서 가는 세계의 배들

수에즈 운하는 이집트에 위치한 배가 다니는 물길이에요. 이 운하는 지중해와 홍해를 연결하기 때문에 유럽과 아시아를 오가는 많은 배들이 이용해요.

2024년 3월, 유럽과 아시아를 오가는 배들이 원래 다니던 길이 아닌 먼 길로 돌아서 다니고 있어 세계 경제에 큰 문제가 되고 있어요.

그동안 **수출**할 물건을 실은 배들은 이집트의 수에즈 운하를 따라 유럽과 아시아를 오갔어요. 그런데 이 배들이 원래 다니던 길이 아닌 아프리카의 희망봉을 거치는 먼 길로 다니게 되었어요. 이 길로 가면 수에즈 운하를 지날 때보다 거리가 약 1만 km 정도 더 늘어나요.

그만큼 물건을 나르는 데 드는 돈이 더 늘어나서 배에 실어 나르는 물건값까지 비싸지게 되었어요. 그런데 왜 배들이 이렇게 먼 길로 돌아서 가는 걸까요?

2023년 10월, 이스라엘과 하마스의 전쟁이 일어났어요. 하마스는 팔레스타인의 **무장** 단체예요. 그런데 예멘의 무장 단체인 후티 **반군**이 하마스를 돕겠다며 2023년 11월에 수에즈 운하로 가는 배들을 공격했어요. 그러자 미국과 여러 나라는 이곳을 지나는 배들을 보호하려고 후티 반군과 맞서 싸우게 되었어요. 이렇게 수에즈 운하가 전쟁터가 되면서, 배들이 위험한 이곳을 피해 먼 길로 돌아서 가게 된 거예요.

2024년 3월, 배에 천연가스를 실어 유럽에 공급하는 카타르도 수에즈 운하를 통과하지 않고 돌아서 가겠다고 발표했어요. 그러면 천연가스가 비싸져서 세계 경제에 나쁜 영향을 줄 거예요. 전 세계는 다시 수에즈 운하를 평화롭게 다니게 될 날만 기다리고 있답니다.

- **수출**(輸 나를 수, 出 날 출) 국내의 상품이나 기술을 외국으로 팔아 내보냄.
- **무장**(武 무기 무, 裝 꾸밀 장) 전투에 필요한 장비를 갖춤.
- **반군**(叛 배반할 반, 軍 군사 군) 반란을 일으킨 군대.

옥 쌤의 독해 교실

1. 주요 단어 살펴보기

1 다음을 읽고 빈 곳에 들어갈 말을 골라 보세요.

> 그동안 수출할 물건을 실은 배들은 이집트의 수에즈 **운하**를 따라 유럽과 아시아를 오갔어요.

운하: 배가 다닐 수 있도록 땅에 파 놓은 (　　)길

① 물　　② 아스팔트　　③ 모래　　④ 비단

운하에서 운(運)은 옮기다라는 뜻이고, 하(河)는 강물이라는 뜻이야.

2 기사에서 나라나 장소를 나타내는 단어를 찾아 알맞게 써 보세요.

- ☐☐ 과 아시아를 오가는 배들
- 아프리카의 ☐☐☐ 을 거치는 먼 길
- ☐☐☐ 과 하마스의 전쟁
- ☐☐ 의 무장 단체인 후티 반군
- 배에 천연가스를 실어 유럽에 공급하는 ☐☐

나라, 장소마다 이름을 붙이는 이유는 그들을 다른 곳과 구분하기 위해서야.

지식 쏙쏙

사람이 만든 바닷길, 수에즈 운하

유럽과 아시아를 가장 가깝게 잇는 물길인 수에즈 운하는 자연적으로 생긴 것이 아니야. '운하'란 배가 다니도록 사람이 땅을 파서 만든 물길이라는 뜻이거든. 이집트의 수에즈 운하는 10년이 넘는 공사 끝에 1869년에 완성되었지. 총길이가 약 163km나 되는 이 수에즈 운하 덕분에 세계 무역은 더욱 활발해졌어.

위기의 라파, 갈 곳 없는 팔레스타인 난민

'난민'이란 전쟁, 폭력, 가난, 자연재해 같은 재난을 피해 살던 곳을 떠나 도망치거나 쫓겨난 사람을 말해요. 세계에는 수많은 난민이 있어요.

㉠세계에는 지금 1억 명이 넘는 난민이 있어요. 이 중에서 약 3,530만 명은 자기가 살던 나라까지 떠나야 했던 사람들이지요. 이런 난민들은 살 곳을 찾아 헤매며 온갖 어려움을 겪고 목숨을 잃기도 해요. 그래서 많은 나라가 난민에게 도움을 주고 있어요. 그런데 팔레스타인 가자 지구의 남부 '라파'에 있는 팔레스타인 난민들이 위기에 처해 있어요.

㉡2023년 10월 7일에 시작된 이스라엘과, 팔레스타인의 무장 단체 하마스의 전쟁으로 가자 지구는 쑥대밭이 되었어요. 가자 지구 주민 중 140만여 명이 라파로 도망쳐 왔어요. 라파에는 난민 캠프가 만들어졌고, 여러 나라에서 구호물자가 보내졌지만 지원은 부족했어요. 난민들은 캠프에서 배고픔, 질병과 싸우며 살아가고 있지요. 그런데 이스라엘은 적들이 숨어 있다며 라파까지 공격해 왔고 수많은 난민이 목숨을 잃거나 다쳤어요. 2024년 3월에도 이스라엘의 공격을 받아 11명이 숨지고 수십 명이 다쳤다는 소식이 전해졌어요.

㉢라파에 있는 팔레스타인 난민들은 이런 위험을 피해 가까운 이집트로 도망을 치려고 했어요. 하지만 이집트는 난민들이 들어오지 못하게 7m 높이의 콘크리트 벽을 쌓고 있어요. 이집트는 난민을 받았다가 자신의 나라도 전쟁의 위험에 처할까 봐 걱정하는 거예요.

㉣이렇게 팔레스타인 난민들은 피할 곳을 찾지 못하고 라파에서 폭격의 위험 속에 살아가고 있어요. 갈 곳 없는 난민들은 이제 어떻게 해야 할까요?

• **지구**(地 땅 지, 區 구역 구) 일정한 기준에 따라 여럿으로 나눈 땅의 한 구역.

• **구호물자**(救 구원할 구, 護 도울 호, 物 물건 물, 資 재물 자) 재난 등으로 어려움에 처한 사람을 돕기 위한 물건.

• **지원**(支 지탱할 지, 援 도울 원) 지지하여 도움.

옥 쌤의 독해 교실

2. 중심 문장 파악하기

1 ㉠ 문단의 중심 문장입니다. 빈 곳에 알맞은 말을 써 보세요.

> 팔레스타인 가자 지구의 남부 '라파'에 있는 팔레스타인 ○○들이 위기에 처해 있어요.

☐☐

중심 문장은 글의 처음이나 마지막에 쓰인 경우가 많아.

2 문단별로 중심 문장을 정리한 것입니다. 잘못 정리한 문단의 기호를 써 보세요.

> ㉠ 문단: 라파에 있는 팔레스타인 난민들이 위기에 처해 있다.
> ㉡ 문단: 이스라엘이 라파를 공격해 수많은 난민이 다치거나 목숨을 잃었나.
> ㉢ 문단: 라파에 있는 팔레스타인 난민들은 이집트로 도망치는 데 성공했다.
> ㉣ 문단: 팔레스타인 난민들은 위험 속에 살고 있다.

중심 문장을 정리하면 글의 내용을 쉽게 이해할 수 있어.

지식 ○○ 쏙쏙

우리나라 사람들도 난민이었을 때가 있었다고?

난민은 우리와는 상관없는 다른 나라만의 일이 아니야. 우리나라도 일제 강점기와 6·25 전쟁 등의 어려운 시절에 많은 사람이 위험을 피해 중국이나 미국 등으로 떠나 난민이 되기도 했어. 일제 강점기 때 일본의 감시를 피해 난민이 되어 중국으로 갔던 독립운동가들은 상하이에 우리나라 최초의 임시 정부를 세우기도 했지.

세계에서 가장 ○○한 나라는?

보통 전 세계의 나라라고 하면, 유엔(UN, 국제 평화 기구)에 가입한 나라를 말해요. UN에는 정회원과 참관 회원국을 합쳐서 총 195개의 나라가 가입돼 있어요.

세계의 많은 나라 중 가장 ○○한 나라는 어디일까요? 2023~2024년에 발표된 195개 나라의 조사 결과를 함께 살펴보아요.

㉠ **세계에서 가장 인구가 많은 나라는?**

유엔 인구 기금의 조사에 따르면 세계 인구 약 81억 명 중에서 인도가 14억 4,171만 명으로 가장 많아요. 2위는 14억 2,517만 명인 중국이지요. 3위는 3억 4,181만 명인 미국이고, 우리나라는 5,150만 29명으로 29위이지요.

㉡ **세계에서 가장 부자인 나라는?**

세계에서 가장 부자인 나라는 기준에 따라 순위가 달라요. 국가별 **GDP** 기준으로는 1위 미국, 2위 중국, 3위 독일, 우리나라는 13위예요. 그런데 2024년 한 조사 업체에서 각 나라의 물가 수준을 반영한 **구매력**을 기준으로 발표한 결과는 1위 아일랜드, 2위 룩셈부르크, 3위 싱가포르 순이었고 미국은 9위, 우리나라는 30위였어요.

㉢ **세계에서 가장 행복한 나라는?**

2024년 세계 행복 보고서에 따르면 세계에서 가장 행복한 나라 1위는 7년 연속 핀란드가 차지했어요. 2위는 덴마크, 3위는 아이슬란드였고, 미국은 처음으로 20위 밖으로 밀려나 23위였어요. 우리나라는 지난해보다 다섯 계단 높은 52위에 올랐어요.

이런 결과를 보면 가장 인구가 많거나 부자인 나라라고 해서 꼭 가장 행복한 건 아니었어요. 그러면 우리나라는 무엇이 **최고**인 나라가 되면 좋을지, 그를 위해 어떻게 해야 할지 함께 생각해 보아요.

- **GDP**(지디피) 일정 기간 동안 국내에서 생산된 모든 물건과 서비스를 돈의 값으로 나타낸 것.
- **구매력**(購 살 구, 買 살 매, 力 힘 력) 개인이나 단체가 물품이나 노동력을 살 수 있는 능력.
- **최고**(最 가장 최, 高 높을 고) 많은 것 중에서 가장 뛰어나거나 첫째가는 것.

옥 쌤의 독해 교실

2. 중심 문장 파악하기

1 문단별로 알려 주는 내용을 선으로 이어 보세요.

㉠ 문단 •   • 세계에서 가장 인구가 많은 나라

㉡ 문단 •   • 세계에서 가장 행복한 나라

㉢ 문단 •   • 세계에서 가장 부자인 나라

> 기사에서는 문단별로 제목을 쓰기도 해.

2 각 문단에서 '세계에서 가장 ○○한 나라'를 찾아 써 보세요.

- ㉠ 문단: 세계에서 가장 인구가 많은 나라, ☐☐
- ㉡ 문단: 세계에서 가장 부자인 나라
  - GDP 기준- ☐☐
  - 구매력 기준- ☐☐☐
- ㉢ 문단: 세계에서 가장 행복한 나라, ☐☐

> 중심 문장보다 뒷받침 문장에서 더 자세한 내용을 확인할 수 있어.

지식 ○○ 쑥쑥

세계에서 만우절이 가장 중요한 나라는?

리투아니아의 수도 빌뉴스에는 4월 1일 만우절을 가장 중요하게 여기는 나라가 있어. '우주피스 공화국'이라는 이 나라는 매년 만우절에 독립을 선언해. 대통령과 정부도 있는 이 나라의 헌법에는 "모든 사람은 행복할 권리를 가진다."라고 적혀 있지. 우주피스 공화국은 사실 진짜 나라가 아니라 하나의 행사이지만, 세계인의 관심과 사랑을 받고 있어.

중국 온라인 쇼핑몰, '엉터리 태극기' 팔다가 걸려

국기란 일정한 형식으로 한 나라의 역사, 국민성 등을 상징하도록 정한 깃발을 말해요. 예를 들어, 우리나라의 태극기나 미국의 성조기가 있어요.

태극기의 모양을 정확히 알고 있나요? 흰색 바탕에 가운데에는 파랑이 아래, 빨강이 위인 태극 문양이 있고, 네 꼭짓점에는 '건곤감리'라는 검은 막대 모양이 있어요. 왼쪽 위는 '건(☰)', 오른쪽 아래는 '곤(☷)', 오른쪽 위는 '감(☵)', 왼쪽 아래는 '리(☲)'이지요. 우리나라를 상징하는 국기이기 때문에 태극기의 모양은 정확히 표현되어야 해요. 그런데 최근 중국의 한 온라인 쇼핑몰에서 엉터리 태극기를 판매해 논란이 일었어요.

2024년 3월, 한 전문가가 중국의 한 온라인 쇼핑몰에서 엉터리 태극기를 팔고 있다고 누리 소통망(SNS)을 통해 알렸어요. 태극 문양의 위아래가 뒤집히거나 건곤감리 위치가 제멋대로 뒤바뀐 상품이 판매되고 있었지요. 이 쇼핑몰은 월간 한국인 사용자 수가 400만 명이 넘을 정도로 인기 있는 곳이었어요.

삼일절을 맞아 잘못된 태극기를 조사하던 이 전문가는 "한 나라의 국기를 팔면서 엉터리 디자인을 내버려둔 것은 소비자들을 속이는 것이며, 다른 나라의 문화와 역사를 존중하지 않는 것이다."라고 목소리를 높였어요. 그는 또 한류 팬들이 늘어난 상황에서 외국인들이 엉터리 태극기를 구매할 수 있어 큰 문제라고 지적했어요.

문제가 되었던 쇼핑몰은 이 사실을 알게 되자 바로 엉터리 태극기 상품들을 판매 중지하고 앞으로는 이런 일이 발생하지 않도록 주의하겠다고 했어요. 하지만 엉터리 태극기가 또 어디에서 발견되지 않는지 우리가 항상 관심을 가지고 지켜봐야 해요.

- **문양**(文 무늬 문, 樣 모양 양) 물건에 나타난 어떤 모양.
- **상징**(象 형상 상, 徵 부를 징) 눈에 보이지 않는 생각이나 사물을 구체적인 사물로 나타냄.
- **한류**(韓 나라 한, 流 흐를 류) 우리나라의 문화가 외국에서 유행하는 현상.

 **옥 쌤의 독해 교실**

3. 세부 내용 파악하기

1 기사를 읽고 올바른 태극기를 찾아 기호를 써 보세요.

첫 번째 문단에서 태극기의 모양을 설명하고 있어.

2 다음 중 엉터리 태극기가 문제가 되는 이유를 <u>잘못</u> 설명한 것은 무엇인가요?

① 소비자들을 속이는 것이다.
② 다른 나라의 문화와 역사를 존중하지 않는 것이다.
③ 외국인들이 엉터리 태극기를 구매할 수도 있다.
④ 엉터리 태극기의 가격이 너무 비싸다.

기사에서 엉터리 태극기가 왜 문제가 되는지를 설명하고 있어. 세 번째 문단을 잘 살펴봐.

지식 쏙쏙

태극기에는 어떤 뜻이 담겨 있을까?

태극기의 흰색 바탕은 밝음과 순수, 평화를 사랑하는 우리의 민족성을 나타내. 태극 문양은 음(파랑)과 양(빨강)의 조화를 나타내며, 우주 만물이 음양의 조화로 생명을 얻고 발전한다는 뜻을 담고 있어. 그리고 '건곤감리'의 '건(☰)'은 '하늘,' '곤(☷)'은 '땅,' '감(☵)'은 '물,' '리(☲)'는 '불'을 나타내.

"2년 동안 내릴 비가 하루에 쏟아졌어요." 두바이 폭우의 원인은?

'인공 강우'란 드라이아이스와 아이오딘화 은이라는 물질로 만든 구름 씨앗을 하늘에 뿌려서 비가 내리게 하는 일을 말해요.

2024년 4월 16일, 아랍 에미리트 두바이에 홍수가 났어요. 단 하루 만에 16cm에서 25cm의 비가 쏟아졌기 때문이에요. 사막 도시인 두바이에는 보통 일 년 동안 비가 9cm도 내리지 않는데, 이날 하루 동안에 거의 2년 치가 넘는 비가 쏟아진 거죠.

두바이에 왜 갑자기 **폭우**가 내린 걸까요? 이에 대해 그 원인이 '인공 강우' 실험 때문이라는 **추측**이 퍼졌어요. 비가 적게 내려 물이 부족한 두바이에서는 수십 년간 인공 강우 실험을 계속해 왔어요. 그래서 사람들은 실험할 때 뿌린 구름 씨앗 때문에 이번 폭우가 내렸다고 생각했지요.

하지만 기상 센터는 이번 폭우가 내리기 전에 구름 씨앗을 뿌리는 인공 강우 실험은 없었다고 밝혔어요. 전문가들도 인공 강우로는 이렇게 큰비를 내리게 할 수 없기에 이번 폭우가 인공 강우 실험 때문일 가능성은 낮다고 했어요. 또 전문가들은 이번 폭우의 원인은 지구 온난화로 인한 기후 변화 때문이라고 분석했어요. 따뜻한 공기는 더 많은 수증기를 모으는데, 지구 온난화로 기온이 올라서 이처럼 큰비가 왔다는 것이지요.

두바이 폭우의 원인은 아직 명확히 밝혀지지 않았어요. 하지만 그것이 인공 강우 실험 때문이든 지구 온난화 때문이든 모두 사람이 일으킨 것은 사실이지요. 이와 같은 **재난**이 일어나지 않도록 지구 환경을 어떻게 보호해야 할지 함께 고민해야 해요.

- **폭우**(暴 사나울 폭, 雨 비 우) 갑자기 세차게 쏟아지는 비.
- **추측**(推 밀 추, 測 잴 측) 미루어 생각하여 헤아림.
- **재난**(災 재앙 재, 難 어려울 난) 뜻밖에 일어난 재앙과 고난.

3. 세부 내용 파악하기

1 기사의 내용과 일치하는 것은 무엇인가요?

① 두바이에 가뭄이 발생했다.
② 평소 두바이에는 일 년에 비가 25cm 이상 내린다.
③ 두바이는 사막 도시이다.
④ 두바이에서는 지금까지 인공 강우 실험을 한 적이 없다.

기사를 읽으면서 중요한 내용에 밑줄을 그어 봐.

2 기사의 내용과 일치하지 <u>않는</u> 것은 무엇인가요?

① 2024년 4월 16일에 두바이에 홍수가 났다.
② 인공 강우는 큰비를 내리게 할 수 없다.
③ 따뜻한 공기는 더 많은 수증기를 모은다.
④ 두바이 폭우의 원인은 명확히 밝혀졌다.

글을 읽을 때는 사실과 글쓴이의 의견을 구분해야 해.

지식 톡톡

신기하지만 문제도 많은 인공 강우

1946년 미국에서 시작된 인공 강우는 가뭄이나 미세 먼지 문제 등을 해결하기 위해 세계 각국에서 계속 연구되고 있어. 하지만 인공 강우에는 여러 가지 문제가 있어. 인공 강우로 한 지역에 비를 내리게 하면 다른 지역은 가뭄이 들게 될 수도 있지. 그리고 인공 강우를 만드는 데 사용되는 구름 씨앗의 화학 물질은 환경을 오염시킬 수도 있어.

미국 플로리다 어린이들, 2025년부터 SNS 못 하게 되나?

대부분의 SNS는 어린이가 가입하지 못하게 하려고 생년월일을 입력하게 해요. 하지만 가짜 생년월일로 가입할 수도 있어서 미국 플로리다에서는 이를 막기 위해 새로운 법을 만들었어요.

2024년 3월 25일, 미국 플로리다 주지사는 2025년 1월부터 '미성년자 온라인 보호법'을 시행한다고 발표했어요. 미성년자 온라인 보호법은 어린이의 누리 소통망(SNS) 가입을 막는 법이에요. 13세까지는 SNS에 가입할 수 없고, 이미 가입된 계정도 모두 없어져요. 14~15세는 부모의 허락이 있어야만 가입할 수 있어요. 이 법이 시행되면 플로리다의 어린이들은 문자 메시지나 이메일을 제외한 유튜브, 페이스북, 틱톡, 인스타그램 등 대부분의 SNS를 사용할 수 없게 돼요.

어린이의 SNS 사용이 정신 건강에 미치는 나쁜 영향 때문에 이 법이 만들어졌어요. 어린이가 SNS에 중독되면 일상생활이 어려워지고 우울증이나 불안을 겪을 수 있어요. 그런데 어린이는 스스로 이런 나쁜 영향에서 벗어나기 어렵기 때문에 법을 만들어 어린이를 보호하려는 거예요. 플로리다 주지사는 "SNS는 다양한 방법으로 아이들에게 해를 끼친다."며 "새로운 법은 부모들에게 아이들을 보호할 수 있는 큰 힘을 줄 것."이라고 기대했어요.

아칸소, 캘리포니아 등 미국의 다른 주에서도 비슷한 법을 만들고 있어요. 하지만 모두가 이런 법에 찬성하는 것은 아니에요. SNS 가입을 막는 것은 어린이의 권리와 자유를 침해한다고 반대하는 의견도 있어요. 과연 플로리다에서는 이 법이 제대로 시행될 수 있을까요?

- **시행**(施 베풀 시, 行 다닐 행) 법을 발표한 뒤 그 법을 실제로 적용하는 일.
- **가입**(加 더할 가, 入 들 입) 조직이나 단체 등에 들어가거나, 서비스를 제공하는 상품 등을 신청함.
- **계정**(計 꾀할 계, 定 정할 정) 인터넷에서, 이용자가 누구인지 나타내는 문자나 숫자로 된 체계.

옥 쌤의 독해 교실

4. 한 문장으로 정리하기

1 다음 중 '미성년자 온라인 보호법'에 대해 바르게 설명한 것은 무엇인가요?

① 13세까지는 부모가 허락해야 SNS에 가입할 수 있다.
② 14~15세는 부모의 허락이 없어도 SNS에 가입할 수 있다.
③ 15세부터 SNS에 마음대로 가입할 수 있다.
④ 13세까지는 부모의 허락이 있어도 SNS에 가입할 수 없다.

첫 번째 문단에서 '미성년자 온라인 보호법'에 대해 설명하고 있어.

2 '미성년자 온라인 보호법'에 대한 찬성과 반대 의견을 정리한 것입니다. □ 안에 알맞은 말을 써 보세요.

찬성	SNS 사용이 어린이의 정신 □□에 나쁜 영향을 준다.
반대	SNS 가입을 막는 것은 어린이의 권리와 □□를 침해하는 것이다.

두 번째 문단에서는 찬성 의견, 세 번째 문단에서는 반대 의견을 확인할 수 있어.

지식 쏙쏙

SNS에서 어린이를 보호하자! 각국의 대책은?

미국처럼 다른 나라들도 SNS로부터 어린이를 보호하기 위한 방법을 고민 중이야. 프랑스는 SNS를 15세 이상에게만 허용하고 13세까지는 스마트폰 사용 자체를 금지하는 법을 검토 중이야. 뉴질랜드는 2024년 2학기부터 학교에서 스마트폰 사용을 금지하기로 했지. 영국은 16세 미만에게 스마트폰을 팔지 않는 법을 검토하고 있어.

111

필립섬 펭귄은 왜 스웨터를 입고 있지?

세계 여러 나라에서 펭귄을 살리기 위해 필립섬으로 20만 벌이 넘는 스웨터를 보낸다고 해요. 이 중 일부는 판매되어 펭귄 보호 비용으로 쓰인다고 해요.

호주 멜버른 남동쪽 필립섬에는 약 30cm 키에 몸무게 1kg 정도인 쇠푸른펭귄이 살아요. 이들은 몸집이 작아서 '요정 펭귄', '꼬마 펭귄'으로 불리지요. 필립섬에서는 이 펭귄들이 스웨터를 입은 모습을 볼 수 있어요. 왜 펭귄이 스웨터를 입고 있는 걸까요?

필립섬 주변 뱃길을 다니는 배들에서 기름 **유출** 사고가 종종 일어나요. 배에서 유출된 기름은 바다를 오염시키고 바다 동물, 특히 펭귄에게 큰 피해를 줘요. 펭귄 깃털에는 물에 덜 젖게 하고 체온을 지키게 해 주는 특별한 기름이 있지만, 유출된 기름이 깃털에 닿으면 이 기름이 녹아 버려요. 그러면 펭귄은 차가운 바닷물에서 체온이 떨어져 목숨까지 위험해지지요. 또 펭귄이 부리로 몸에 묻은 나쁜 기름을 문지르다가 먹고 죽을 수도 있어요. 그래서 필립섬에서는 쇠푸른펭귄을 지키기 위해 '펭귄에게 스웨터 입히기' 활동을 했어요. 펭귄에게 스웨터를 입혀서 몸에 묻은 나쁜 기름을 스웨터가 **흡수**하게 하고 펭귄의 체온을 보호해 주는 것이지요. 실제로 2001년 필립섬에서 큰 기름 유출 사고가 났을 때 **구조**된 438마리의 펭귄 대부분이 스웨터 덕분에 목숨을 건졌어요.

필립섬은 20여 년 넘게 이 활동을 이어 오며 기름 유출 사고로부터 펭귄을 지키고 있어요. 하지만 기름 유출 사고 자체를 막는 일이 펭귄과 바다를 보호하기 위한 가장 좋은 방법이라고 모두가 말하고 있지요.

- **유출**(流 흐를 유, 出 날 출) 밖으로 흘러 나감.
- **흡수**(吸 빨 흡, 收 거둘 수) 빨아서 거두어들임.
- **구조**(救 구원할 구, 助 도울 조) 재난 등을 당하여 어려운 처지에 빠진 사람을 구해 줌.

옥 쌤의 독해 교실

4. 한 문장으로 정리하기

1 필립섬 사람들이 펭귄에게 스웨터를 입히는 이유를 정리한 것입니다. □ 안에 알맞은 말을 써 보세요.

> 스웨터는 펭귄의 몸에 묻은 나쁜 □□을 흡수하고 □□을 보호해 주기 때문이에요.

기사 제목에 대한 답을 찾으면 글쓴이가 이 글을 쓴 목적을 알 수 있어.

2 펭귄과 바다를 보호하는 가장 좋은 방법을 정리한 것입니다. □ 안에 알맞은 말을 써 보세요.

> □□ □□ 사고를 막자!

사람들이 펭귄에게 스웨터를 입히는 활동을 한 이유는 무엇일까?

지식 ○-○ 톡톡

펭귄 보호 함께해요! '펭귄 워치(Penguin Watch)'

펭귄 보호에 함께 참여할 수 있는 또 다른 방법으로는 '펭귄 워치'가 있어. 남극 등에서 촬영해 홈페이지에 올려놓은 여러 종류의 펭귄 사진을 보고 어른 펭귄, 새끼 펭귄, 알 등을 구분해서 표시해 주면 돼. 영국 옥스퍼드 대학교 연구팀은 그 결과를 보고 펭귄이 줄어드는 이유를 파악하고 펭귄 보호 정책을 만든다고 해.

미국에 1,000조 마리 매미 떼 덮친다! '제트기급 소음 예상'

여러 종의 매미 중에는 일정한 기간마다 땅 위로 나오는 '주기성 매미'가 있어요. 이들은 주로 북아메리카에 서식하며, 13년 또는 17년마다 땅 위로 나온다고 해요.

'맴~맴~맴~찌르르르~' 시원하게 우는 매미는 여름을 알리는 곤충이지요. 매미는 애벌레로 땅속에 있다가 다 자라면 땅 위로 나와 껍질을 벗고 어른 매미가 되어 약 한 달 정도 살아요. 그런데 미국은 이 매미 때문에 큰 걱정에 빠졌어요.

2024년 4월 20일, 워싱턴포스트 신문은 봄과 여름 동안 미국의 16개 주에 대규모 매미 떼가 덮친다는 소식을 전했어요. 그건 바로 '**주기**성 매미'라고 불리는 매미이지요. 이들은 10년이 넘도록 땅속에 애벌레로 있다가 13년, 17년 만에 땅 위로 올라와 어른 매미가 되어요. 올해는 이 두 부류의 매미가 동시에 나타난다고 해요. 이는 미국에서 1803년 이후 221년 만에 처음 있는 일이에요. 두 **부류**의 매미가 함께 나타나는 것이 무슨 큰일인가 싶겠지만 문제는 이 매미의 수예요. 전문가들은 이번에 나타나는 매미의 수가 수백조에서 최대 1,000조 마리가 될 것이라고 해요. 매미는 사람이나 농작물에 피해를 주지 않으며, 오히려 새들의 먹이가 되고 죽은 매미는 식물의 영양분이 되어요. 하지만 매미 떼가 무서운 이유는 바로 '**소음**' 때문이에요. 전문가들은 이렇게 많은 매미 떼가 한꺼번에 울어 대면 '제트기 옆에 머리를 대고 있는' 정도의 소음이 발생할 것이라고 경고해요.

2024년 여름 동안 미국은 최대 1,000조 마리의 매미 떼가 내는 제트기급 소음에 시달릴 것으로 예상되어요.

• **주기**(週 돌 주, 期 기약할 기) 같은 특징이 한 번 나타나고부터 다음번 되풀이되기까지의 기간.

• **부류**(部 나눌 부, 類 무리 류) 같은 성질을 가진 대상들을 일정한 기준에 따라 나누어 놓은 갈래.

• **소음**(騷 떠들 소, 音 소리 음) 기분이 나쁘게 시끄러운 소리.

생각 넓히기

1. 적용 및 추론하기

1 이번 여름이 지난 후 미국 사람들이 할 수 있는 말로 적절하지 <u>않은</u> 것은 무엇인가요?

① 이렇게 많은 매미는 내 평생 처음 봤어.
② 매미를 잡아먹는 새들이 많이 보였어.
③ 올여름 동안 매미 때문에 옥수수밭이 큰 피해를 입었어.
④ 이번 여름 동안 매미 소음 때문에 많은 사람이 고통에 시달렸어.

사람들이 어떤 이야기를 나눌지 기사에서 단서를 찾아볼까?

2 2024년 이후, 다음 두 부류의 매미가 함께 나타나는 해는 언제일까요?

| 13년 주기성 매미 | 17년 주기성 매미 |

① 2025년   ② 2100년
③ 2200년   ④ 2245년

이 사태가 1803년 이후 몇 년 만에 일어난 일인지 알아봐.

지식 쏙쏙

곤충학자들은 미국 매미 떼를 반긴다고?

미국 사람들은 매미 떼로 인한 소음을 걱정하고 있지만, 이 매미 떼를 반기는 곤충학자들도 있어. 13년 주기 매미와 17년 주기 매미를 동시에 관찰할 수 있는 좋은 기회이기 때문이지. 과학자들은 이 매미들이 어떻게 땅속에서 그렇게 오랫동안 살 수 있는지, 그리고 어떻게 13년과 17년을 정확히 알고 땅 위로 올라오는지 등을 연구할 계획이야.

중국 초등학교 "밤 9시 반 이후에는 숙제하지 마세요."

중국에서 숙제 마감 시간을 정한 것은 이번이 처음이 아니에요. 2023년에도 중국의 어느 학교에서 같은 조치를 했는데 학부모 사이에서 찬반 의견이 많았다고 해요.

요즘 초등학생들도 어른 못지않게 바빠요. 학교에 다녀와서 각종 학원에 갔다가 집에 와서 저녁 먹고 숙제를 마치면 밤 10시가 넘기 일쑤지요. 실제로 이런 생활로 초등학생들의 잠자는 시간이 부족하다는 조사 결과들이 많아요. 그런데 중국의 한 초등학교가 이런 피로를 줄이기 위한 방법을 내놓아 화제가 되고 있어요.

2024년 4월, 중국의 한 신문사는 중국 남부 광시 쫭족 자치구 난닝의 한 공립 초등학교에서 만든 새로운 규정이 주목받고 있다고 알렸어요. 이 규정은 학생들에게 밤 9시 30분 이후에는 숙제를 하지 않도록 하는 거예요. 숙제를 다 하지 못해도 불이익을 주지 않겠다고 했지요. 이 학교는 학생들의 휴식 시간을 **보장**하고 학업 **부담**을 줄이기 위해 이런 규정을 만들었다고 했어요. 여기에는 중국 정부 정책의 영향도 있었어요. 중국은 2021년부터 가정 경제의 부담을 덜기 위해 초등·중학생들의 숙제와 과외 부담을 줄이는 정책을 펼치고 있거든요. 그래서 이 학교도 학생들의 숙제 부담을 줄이는 규정을 만든 것이지요.

이 학교의 숙제 **마감** 시간 조치에 대해서 여러 의견이 나오고 있어요. 아이들 숙제가 보통 해당 시간 이전에 끝나기 때문에 괜찮다는 의견과 아이들이 이를 핑계 삼아 숙제를 미루게 될 것이라는 걱정도 있어요. 하지만 피곤한 우리나라 초등학생들에게도 이런 조치가 도움이 될 수 있을 것 같아요.

- **보장**(保 지킬 보, 障 막을 장) 어떤 일이 어려움 없이 이루어지도록 조건을 마련하여 보호함.
- **부담**(負 짐질 부, 擔 멜 담) 어떠한 의무나 책임을 짐.
- **마감** 정해진 기한의 끝.

 생각 넓히기

1. 적용 및 추론하기

1 기사를 읽고 중국의 상황에 대해 <u>잘못</u> 추론한 것을 고르세요.

① 중국 어린이들은 9시 반에 대부분 잠에 드는 것 같다.
② 중국 어린이들은 9시 30분 이후까지 숙제하는 경우가 많은 것 같다.
③ 난닝의 공립 초등학교에서는 그동안 숙제를 다 하지 못하면 학생들에게 불이익을 주었던 것 같다.
④ 중국에서 초등·중학생의 과외가 가정 경제에 부담을 주고 있는 것 같다.

기사의 내용을 통해 기사에는 나타나지 않은 상황을 짐작해 봐.

2 글쓴이는 '숙제 마감 시간 조치'에 대해 어떤 생각을 갖고 있는지 추론해 보세요.

① 이 조치는 중국에서만 이루어지는 게 좋다.
② 이런 조치가 우리나라에서도 시행되면 좋을 것이다.
③ 이 조치가 시행되든 안 되든 상관없다.
④ 우리나라는 이런 조치를 시행하지 않는 것이 좋을 것이다.

글쓴이가 사건을 바라보는 시각에 따라 기사의 내용이 달라져.

지식 쏙쏙

폴란드는 초등학생 숙제를 없앴어요!

2024년 4월, 폴란드는 초등학생 숙제를 금지하는 법을 시행했어. 이 법에 따르면 1~3학년 학생들의 숙제를 완전히 없앴고, 4~8학년 학생들에게는 숙제가 있어도 성적에 이를 반영하지 않기로 했지. 숙제가 없어진 초등학생들은 기뻐했지만, 학부모들 사이에서는 찬반 의견이 나뉘고 있어. 이외에도 세계의 많은 나라에서 초등학생 숙제를 없애거나 줄여 가고 있어.

멕시코의 전통문화 투우, 계속될까요?

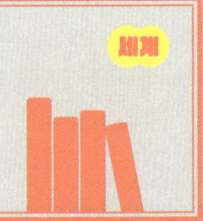

'투우(鬪牛)'는 소와 사람이 싸우는 경기를 말해요. 멕시코를 비롯해 스페인, 포르투갈, 콜롬비아 등 8개 나라에서 투우 경기가 열리고 있어요.

투우 경기는 투우사가 붉은 천을 흔들어 소를 화나게 한 뒤, 소가 달려들면 창을 꽂는 식으로 진행돼요. 이 과정에서 투우사가 다치거나 죽기도 하지만 대부분 소가 죽지요. 이런 잔인한 경기 방식 때문에 투우를 계속해야 하는지 논란이 일고 있어요.

2024년 1월 28일, 멕시코시티에 있는 세계에서 가장 큰 투우장에서 투우 경기가 열렸어요. 이는 2022년에 법원이 투우를 금지한 지 거의 2년 만에 다시 열린 경기였지요. 당시 법원은 투우를 반대하는 시민 단체의 의견에 따라 투우를 금지했으나, 이번에는 투우 협회의 주장을 받아들여 다시 경기를 열게 했어요.

투우 협회는 투우가 멕시코의 전통문화이며, 투우 경기 금지는 개인의 **권리**와 자유를 **침해**하는 일이라고 주장해요. 또한 투우 경기로 연간 5,400억 원의 돈을 벌어들일 수 있다는 점도 강조하지요.

하지만 투우를 반대하는 시민 단체는 재미를 위해 소에게 고통을 주고 죽이는 일은 동물 **학대**이며, 잔인한 투우 경기를 여는 것은 건강한 환경에서 살 주민들의 권리를 침해한다고 주장해요.

이런 논란 속에서 2년 만에 열린 투우 경기는 다시 중단되었어요. 시민 단체가 투우를 법으로 금지해 달라고 법원에 소송을 했기 때문이에요. 판결이 날 때까지 투우는 다시 열리지 않게 되었어요. 과연 멕시코 법원이 어떤 판결을 내릴지 함께 지켜보아요.

---

* **권리**(權 권세 권, 利 이로울 리) 어떤 일을 하거나 남에게 당연히 요구할 수 있는 힘이나 자격.
* **침해**(侵 침범할 침, 害 해로울 해) 침범하여 해를 끼침.
* **학대**(虐 사나울 학, 待 대할 대) 몹시 괴롭히거나 모질게 대우함.

2. 나의 생각 정리하기

1 투우를 찬성하는 사람과 반대하는 사람의 입장을 찾아 선으로 이어 보세요.

> 주장에는 항상 근거가 제시돼. 기사에서 주장에 대한 근거를 찾아봐.

투우를 계속해도 된다. •

• 재미를 위해 소를 죽이는 일은 동물 학대다.

• 투우는 멕시코의 전통문화이다.

• 건강한 환경에서 살 주민들의 권리를 침해하는 것이다.

투우를 멈춰야 한다. •

• 투우로 많은 돈을 벌어들일 수 있다.

• 투우 경기를 막는 것은 우리의 권리와 자유를 침해하는 일이다.

2 만약 내가 판사라면 어떤 판결을 내릴지 알맞은 말에 ○표 하고, 그 이유를 써 보세요.

> 정확한 근거를 들어 판결을 내려야 해. 기사의 내용을 참고해 내 생각을 적어 봐.

투우를 (계속해도 된다 / 멈춰야 한다).

왜냐하면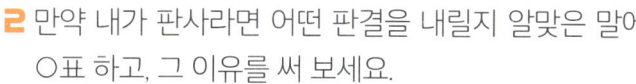

투우 소는 정말 빨간색을 보고 화를 내는 걸까?

붉은 천에 달려드는 소를 보고 소는 빨간색을 보면 화가 난다고 생각할 수 있어. 하지만 소는 색맹이라 색을 볼 수 없어. 소가 화를 내는 까닭은 투우장에 나오기 전 하루 종일 깜깜한 곳에 갇혀 있다가 갑자기 밝은 경기장으로 나왔기 때문이야. 거기에 투우사가 천을 흔들어 대니 놀랄 수밖에 없지.

멕시코, 첫 여성 대통령 나왔다!

멕시코 대통령의 임기는 6년이에요. 이번에 당선된 셰인바움은 2024년 10월 1일부터 시작해서 2030년까지 대통령직을 맡게 돼요.

2024년 6월 2일, 멕시코 대통령 선거에서 62세 클라우디아 셰인바움 후보가 약 60% 표를 얻어 상대편 후보를 큰 차이로 이기고 멕시코 대통령으로 뽑혔어요. 1824년에 정부가 세워진 이후 멕시코에 200년 만에 첫 여성 대통령이 탄생한 거예요.  멕시코는 원래 '마초'의 나라로 불렸지요. '마초'란 지나친 남자다움을 뜻하는 말이에요. '마초'의 나라라고 불릴 정도로 남성 중심이던 멕시코는 1953년이 되어서야 여자도 투표할 수 있었어요. 그런데 이런 멕시코에서 미국보다 먼저 첫 여성 대통령이 나오게 된 일은 세계를 놀라게 했지요.

멕시코의 첫 여성 대통령이 된 셰인바움의 부모님은 유대인으로 두 분 모두 과학자였어요. 과학자 부모님에게서 자란 셰인바움도 멕시코 국립 자치 대학교에서 여성 최초로 공학박사를 받은 과학자가 되었어요. 그리고 환경 공학 연구원으로 일하다가 2000년에 멕시코의 수도인 멕시코시티의 환경부 장관이 되었고, 2018년에는 멕시코시티의 첫 여성 시장이 되어서 2023년까지 일했어요. 그리고 2024년에는 멕시코 최초의 여성 시장에서 멕시코 최초의 여성 대통령이 된 거예요.

셰인바움은 대통령 당선 연설에서 자신이 멕시코 최초의 여성 대통령이 된 것은 혼자 해낸 것이 아니라며 "우리에게 조국을 물려준 여성 영웅들, 어머니들, 딸들, 손녀들과 함께 해낸 것"이라고 목소리를 높였어요. 그리고 그녀는 멕시코를 평화와 안전, 민주주의와 정의의 길로 이끌겠다는 다짐을 전했지요. 최초의 여성 대통령이 이끄는 멕시코는 좀 더 새롭고 살기 좋은 나라가 되리라 기대해 볼 수 있을 것 같아요.

- **조국**(祖 조상 조, 國 나라 국) 조상 때부터 대대로 살던 나라.
- **영웅**(英 뛰어날 영, 雄 우두머리 웅) 지혜와 재능이 뛰어나고 용맹하여 어려운 일을 해내는 사람.
- **민주주의**(民 국민 민, 主 주인 주, 主 주장할 주, 義 옳을 의) 국민이 권력을 가지고 그 권력을 스스로 행사하는 제도.

 생각 넓히기

2. 나의 생각 정리하기

1 여러분이 일상생활 속에서 차별받았던 경험을 떠올려 봅시다. 그때 어떤 생각이 들었나요?

차별받았던 경험	그때 든 생각

내가 겪었던 경험을 떠올리면 다른 사람의 입장에서 생각해 볼 수 있어.

2 다음 상황에서 차별을 없애는 방법을 생각해 보세요.

상황	차별을 없애는 방법
학년이 올라갈 때마다 남학생부터 1번이 되도록 번호가 정해진다.	
선생님께서 의자 나르는 일을 남학생에게만 맡기셨다.	

일상생활 속 문제의 해결 방법을 스스로 생각해 보는 습관을 길러 봐.

마초의 나라였던 멕시코가 점점 변하고 있어요.

최초로 여성 대통령이 탄생한 멕시코는 이제 더 이상 마초의 나라라고 부를 수 없을 것 같아. 멕시코 수도인 멕시코시티의 시장도 여성이고, 멕시코 31개 주 중 13개 주의 주지사도 모두 여성이지. 게다가 멕시코의 국회 의원 중 절반이 여성이야. 우리나라의 국회 의원 중 여성이 20%도 안 되는 것에 비하면 두 배가 넘는 거지.

우리 지역의 발전에 이바지하겠습니다!

옥 쌤의 쏙쏙 어휘

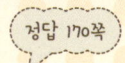

위협 힘으로 으르고 협박함

전쟁 국가와 국가 사이에 무력을 사용하여 싸움

평화 전쟁이나 갈등이 없이 평온함

난민 재난을 피해 살던 곳을 떠나 도망치거나 쫓겨난 사람

구호물자 재난으로 어려움에 처한 사람을 돕기 위한 물건

세계에는 **(국가와 국가 사이에 무력을 사용하여 싸움)**(으)로 고통받는 사람들이 많아요. 전쟁은 사람들의 목숨을 **(힘으로 으르고 협박함)**할 뿐만 아니라, **(재난을 피해 살던 곳을 떠나 도망치거나 쫓겨난 사람)** 문제를 만들기도 하지요. 전 세계에서 전쟁으로 고통받는 사람들을 위한 **(재난으로 어려움에 처한 사람을 돕기 위한 물건)**을/를 보내고 있지만, 무엇보다 필요한 것은 전쟁 없는 **(전쟁이나 갈등이 없이 평온함)**로운 삶이 아닐까요?

★ 위의 문장을 알맞은 어휘를 사용하여 바꾸어 볼까요?

세계에는 _____(으)로 고통받는 사람들이 많아요. 전쟁은 사람들의 목숨을 _____할 뿐만 아니라, _____ 문제를 만들기도 하지요. 전 세계에서 전쟁으로 고통받는 사람들을 위한 _____을/를 보내고 있지만, 무엇보다 필요한 것은 전쟁 없는 _____로운 삶이 아닐까요?

팽팽 토론

미국 플로리다주에서는 2025년 1월부터 '미성년자 온라인 보호법'이 시행된다고 해요. 이 법은 어린이의 누리 소통망(SNS) 가입을 막는 법이에요. 13세까지는 SNS에 가입할 수 없고, 이미 가입된 계정도 모두 없어진다고 해요. 여러분은 이에 대해 어떻게 생각하나요?

어린이의 SNS 가입을 법으로 금지해야 할까? 아니면 금지하면 안 될까?

저는 어린이의 SNS 가입을 법으로 금지해야 한다고 생각해요.

왜냐하면 SNS 사용이 어린이들의 정신 건강에 나쁜 영향을 미칠 수 있기 때문이에요. SNS 때문에 우울감이나 불안을 겪을 수 있어요.

저는 어린이의 SNS 가입을 법으로 금지하면 안 된다고 생각해요.

왜냐하면 이 법이 어린이의 권리와 자유를 침해할 수 있기 때문이에요. 어린이도 친구 관계를 맺기 위해 자유롭게 SNS를 사용할 권리가 있어요.

저는

왜냐하면

땡 똥 쉬는 시간

2022년 2월 24일, 가족과 함께 우크라이나를 여행하고 있었어. 그런데 갑자기 '쾅! 쾅!' 폭발음이 울려 퍼졌어. 미사일이 떨어지고, 전투기가 굉음을 내며 하늘을 가르고……. 길거리는 순식간에 아수라장이 되었지. 무슨 일이 일어난 건지 확인해 보니, 러시아가 군대를 이끌고 우크라이나를 침공한 거였어.

5장
문화·예술 이슈

- K-○○
- 악플
- 반려돌
- 침묵의 연주
- 모아이
- 경복궁 낙서
- 어린이날

문화 예술

선 넘은 악플은 이제 그만! 우리 선수에게 격려와 응원을

SNS란 소셜 네트워크 서비스(social network service)의 줄임말로, 온라인상에서 다른 사람들과 교류할 수 있도록 해 주는 서비스를 말해요.

2023년 아시아 축구 연맹 카타르 아시안 컵 대회에서 우리나라는 아쉽게도 4강에서 탈락했어요. 실망스러운 대회 결과와 함께 국가 대표 선수들에게 쏟아지는 '악플(악성 댓글)'이 논란이 되고 있어요.

2024년 1월 20일에 열린 아시안 컵 조별 리그 2차전이 끝나자, 한 **최전방 공격수**에게 악플이 쏟아졌어요. 사람들은 그가 방송 출연으로 훈련을 소홀히 한 것 아니냐며 그의 누리 소통망(SNS)에 몰려가 비난했어요. 심지어 긴 머리와 두건 착용까지 트집을 잡았어요. 이뿐만 아니라 1월 25일 조별 리그 3차전에서 상대에게 페널티 킥을 내어준 선수에게도 방송 활동을 문제 삼는 악플이 이어졌어요.

악플이 심해지자, 팀의 주장 손흥민은 "팬분들이 온라인에서 선 넘는 발언을 하는 것을 지켜보기가 안타깝다."며 경기에 최선을 다하는 선수들을 보호해 달라고 간곡히 부탁했어요.

많은 운동선수와 연예인이 악플로 고통받자, '네이버'와 '다음' 등의 누리집은 2020년부터 연예와 스포츠 기사의 댓글 창을 없앴어요. 하지만 악플은 인스타그램, 페이스북 등 SNS로 옮겨 계속되고 있어요. 이에 국제 축구 연맹과 국제 프로 축구 선수 협회는 악플을 **고발**하는 서비스를 시행했어요. 그러나 이것이 선수들을 제대로 보호할지는 아직 의문이에요. 이제부터라도 경기를 지켜보는 우리가 선수들을 향한 악플을 멈추고 격려와 응원을 보내야 하지 않을까요?

- **최전방**(最 가장 최, 前 앞 전, 方 곳 방) 적과 맞서고 있는 싸움터의 맨 앞.
- **공격수**(攻 칠 공, 擊 부딪칠 격, 手 사람 수) 단체 경기에서, 공격을 기본적인 임무로 하는 선수.
- **고발**(告 알릴 고, 發 드러낼 발) 수사 기관에 범죄 사실을 신고하여 벌을 주도록 요구하는 일.

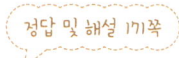

 옥 쌤의 독해 교실

1. 주요 단어 살펴보기

1 기사에서 가장 중요한 단어를 찾아 ○표 하세요.

> 아시안 컵　　SNS　　악플
> 국가 대표　운동선수　연예인

기사에서 중요한 단어는 자주 쓰이곤 해.

2 기사에서 □ 안에 알맞은 단어를 찾아 써 보세요.

> 친구들의 장난이 □을 넘었다.

제목에 쓰인 단어를 잘 살펴봐.

3 '악플'의 뜻으로 가장 알맞은 것은 무엇일까요?

① 다른 사람을 미워하는 마음을 담아 종이에 편지를 쓰는 것
② 다른 사람에 대한 소문을 말로 퍼뜨리는 것
③ 인터넷 게시판 등에 다른 사람을 응원하고 격려하는 댓글을 다는 것
④ 인터넷 게시판 등에 다른 사람에게 상처를 주는 댓글을 다는 것

'악(惡)'이란 '나쁘다', '바르지 않다'라는 뜻이야.

악플을 달면 이런 처벌을 받을 수 있어요!

악플을 달다가 들키면 그 정도에 따라 1년에서 7년 이하의 징역 또는 200만 원에서 5,000만 원 이하의 벌금에 처해질 수 있어. 2021년에는 아르바이트생까지 고용해 한 인터넷 강의 업체를 상대로 5년 동안 악플을 단 한 업체 대표가 9억 원의 손해를 물어 주고, 징역 1년 6개월을 선고받은 일도 있었지. 이렇게 악플에 대한 고소와 처벌은 점점 늘어나고 있어.

문화 예술

나와라, 뱅크시! '얼굴 없는 예술가' 정체 밝혀지나?

거리의 벽 등에 그림을 그리는 예술을 '그라피티 미술'이라고 해요. 뱅크시는 주로 판에 구멍을 뚫어 물감을 뿌리는 방법인 '스텐실'을 이용해 그렸어요.

영국의 유명 예술가 '뱅크시'를 아시나요? 뱅크시는 1990년대부터 세계 곳곳의 거리에 사회를 **비판**하는 그림을 그리고, 유명한 미술관에 자신의 작품을 몰래 걸어 자신의 예술 정신을 표현했어요. 이런 행동은 불법이기 때문에 그는 자신을 숨겼어요. 뱅크시도 가짜 이름이지요. 하지만 이 독특한 예술 활동이 오히려 인기를 끌어, 작품의 가격도 높아졌어요.

그런데 '얼굴 없는 예술가'인 뱅크시의 정체가 곧 밝혀질 수도 있다고 해요. 2024년 3월 9일, 영국의 신문사 가디언은 미술품 수집가 2명이 뱅크시가 세운 회사를 상대로 **소송**을 건 일을 알리며 이 일로 뱅크시가 자신을 공개하게 될 수도 있다고 전했어요.

문제가 된 것은 뱅크시가 2003년에 만든 「원숭이 여왕」이라는 판화 작품이에요. 총 750점을 찍어 냈지만, 이 중 150점에만 뱅크시의 서명이 있어요. 그래서 이 작품의 가짜가 많이 생기게 되자 수집가들은 자신이 산 작품이 **진품**이 맞는지 확인하려 했어요. 소송을 낸 2명의 수집가도 2020년에 3만 파운드(약 5,089만 원)를 주고 산 이 작품이 진품인지 확인해 달라고 뱅크시가 세운 회사 '페스트 컨트롤'에 요구했어요. 하지만 이후 3년간 답을 받지 못하자 두 수집가는 뱅크시의 회사를 고소한 거예요.

가디언은 "다툼이 법정까지 간다면 뱅크시는 자신의 진짜 이름을 공개해야 할 것"이라고 말했어요. 과연 실체가 밝혀지고 난 뒤에도 그는 지금과 같은 예술 활동을 계속할 수 있을까요?

- **비판**(批 비평할 비, 判 판가름할 판) 옳고 그름을 판단하여 밝히거나 잘못된 점을 지적함.
- **소송**(訴 하소연할 소, 訟 송사할 송) 재판을 하여 누가 옳은지 따져 달라고 법원에 요구함.
- **진품**(眞 참 진, 品 물건 품) 진짜인 물품.

옥 쌤의 독해 교실

1. 주요 단어 살펴보기

1 기사에서 다음 뜻을 가진 단어를 찾아 써 보세요.

> 작품을 만들거나 표현하는 것을 직업으로 하는 사람

2 뱅크시를 '얼굴 없는 예술가'라고 표현한 이유는 무엇일까요?

① 뱅크시는 사람이 아니기 때문에
② 얼굴 없는 사람의 그림만 그리기 때문에
③ 뱅크시의 정체를 아는 사람이 아무도 없기 때문에
④ 뱅크시는 눈, 코, 입이 없는 사람이기 때문에

두 개 이상의 단어가 모여 원래와 다른 뜻으로 사용되는 말을 관용어라고 해.

3 '얼굴 없는' 대신에 사용할 수 있는 말을 2가지 찾아 ○표 하세요.

정체불명인   얼굴이 팔린   얼굴이 두꺼운

유명한   베일에 싸인   최고의

주어진 단어와 비슷한 단어를 알면 그 뜻을 더 확실하게 이해할 수 있어.

찢어져서 300억! 뱅크시의 「풍선과 소녀」

2018년 10월, 전 세계를 놀라게 한 사건이 있었어. 경매에서 뱅크시의 작품 「풍선과 소녀」가 팔리자마자 액자 안의 그림이 밑으로 흘러내리며 아래 절반이 가늘게 조각조각 찢어진 거야. 이것은 그림을 비싼 값에 사고파는 일을 비판하려고 뱅크시가 직접 꾸민 일이었어. 하지만 찢어진 이 그림은 원래 가격의 18배에 달하는 약 300억 원에 팔렸지.

문화 예술

한국 문화의 세계 정복, 이제는 '한국 문학'이다!

'K-컬처'는 인기가 높아진 한국 문화를 부르는 말로 'K-팝', 'K-드라마'처럼 사용돼요. 이외에도 한국 문화의 인기를 나타내는 '한류(韓流)'라는 말도 있어요.

한국의 영화, 아이돌 그룹, 드라마 등은 'K-컬처'로 불리며 전 세계에서 인기몰이 중이에요. 영국의 신문 가디언은 2024년 3월, "세계를 정복한 한국 문화의 **비결**은 무엇일까?"라는 기사에서 한국 문화 인기의 원인과 미래에 대해 썼어요.

가디언은 한국 문화의 인기는 국가가 주도적으로 문화 발전을 이끌며 관련 기업들을 지원하고 협력했지만, **간섭**하지 않았기 때문이라고 했어요. 국가가 도움을 주되 직접 나서지 않아 오히려 예술이 더 발전했다는 분석이지요.

또 한국 문화의 인기가 영화, 드라마 등을 넘어 음식과 **문학**까지 영역을 넓혀 갈 것이라고 내다봤어요. 한국식 핫도그가 미국에서 인기 있는 길거리 음식이 되었고 김치와 고추장도 흔히 볼 수 있다며 한국 음식의 높아진 인기를 소개했지요.

가디언은 특히 한국 문학에 주목했어요. 영화나 드라마로 검증된 한국의 이야기 실력에 비해, 한국 문학은 아직 제대로 알려지지 못했다고 했어요. 가디언은 한국 소설을 바탕으로 만들어진 드라마가 세계에서 사랑받은 예를 들며 한국 문학이 인기를 끌 가능성이 충분하다고 전했지요.

한국 문화의 인기에 많은 외국인이 한국어를 배우고 있어요. 한국어를 접하는 사람이 늘수록 한국 문학은 세계에 더 널리 알려지게 될 거예요. 한국인만의 경험과 상상력을 담은 한국 문학이 세계에서 큰 사랑을 받을 날도 멀지 않아 보여요.

- **비결**(祕 숨길 비, 訣 방법 결) 세상에 알려져 있지 않은 자기만의 뛰어난 방법.
- **간섭**(干 막을 간, 涉 관여할 섭) 직접 관계가 없는 남의 일에 부당하게 참견함.
- **문학**(文 글월 문, 學 배울 학) 생각이나 감정을 언어로 표현한 예술. 또는 그런 작품.

 옥 쌤의 독해 교실

2. 중심 문장 파악하기

1 각 문단의 중심 문장을 쓴 것입니다. 글의 순서에 맞게 기호를 써 보세요.

> 중심 문장이라는 뼈에 뒷받침 문장이라는 살을 붙이면 하나의 문단이 돼.

㉠ 가디언은 한국 문화의 인기는 국가가 주도적으로 문화 발전을 이끌며 관련 기업들을 지원하고 협력했지만, 간섭하지 않았기 때문이라고 했어요.
㉡ 한국 문화의 인기가 영화, 드라마 등을 넘어 음식과 문학까지 영역을 넓혀 갈 것이라고 내다봤어요.
㉢ 가디언은 특히 한국 문학에 주목했어요.
㉣ 영국의 신문 가디언은 기사에서 한국 문화 인기의 원인과 미래에 대해 썼어요.
㉤ 한국 문화의 인기에 많은 외국인이 한국어를 배우고 있어요.

2 마지막 문단에서 알 수 있는 한국 문화에 대한 글쓴이의 생각은 무엇인가요?

① 실망함　② 기대함　③ 심심함　④ 무관심함

> 중심 문장과 뒷받침 문장에 쓰인 표현을 보면 글쓴이의 생각을 알 수 있어.

한국이 노벨 문학상을 받는 날은 언제쯤일까?

한국 문학 작품은 세계의 여러 문학상을 받거나 최종 후보에 자주 오르고 있어. 그런데 세계에서 가장 유명한 문학상인 노벨 문학상은 아직 받지 못했지. 노벨 문학상을 받으려면 영어를 비롯한 다양한 언어로 번역되어야 하는데 우리는 아직 번역의 양과 질이 모두 부족한 상황이야. 현재 문학계는 좋은 번역으로 우리 문학을 알리기 위해 노력하고 있어.

문화 예술

모아이를 돌려주세요!

'모아이'는 칠레 라파누이섬에 있는 사람 얼굴 모양의 석상이에요. 이 석상은 원래 1,000개가 넘었지만, 현재는 섬에 600여 개만 남아 있다고 해요.

㉠2024년 3월, 세계 3대 박물관 중 하나인 영국 박물관(대영 박물관)이 누리 소통망(SNS) 댓글 창을 닫았어요. "모아이를 돌려달라."라는 댓글이 끊이지 않았기 때문이었지요.

㉡'모아이 석상'은 원래 칠레 라파누이섬(이스터섬)의 것이에요. 그런데 이 중 2점을 1869년에 영국 해군이 가져가 영국 여왕에게 바쳤고, 이후 약 150년 동안 영국 박물관에 전시되었죠. 2018년부터 칠레가 영국 박물관에 모아이를 돌려달라고 **요구**했지만 들어주지 않자, 칠레 국민이 SNS에 모아이를 돌려달라는 댓글을 단 거예요. 칠레의 SNS에서 인기가 많은 한 사람이 시작한 이 댓글 달기 운동에 많은 칠레 국민이 함께했고, 칠레 대통령까지 지지했어요.

㉢영국 박물관은 균형 잡힌 논의를 위해 댓글 창을 닫았다고 밝혔어요. 그러면서 라파누이섬과 좋은 관계로 협력하고 있다고 했으나, 모아이를 돌려주겠다는 말은 없었어요. 사실 영국 박물관의 800만 점이 넘는 **유물** 대부분은 과거 다른 나라에서 가져온 거예요. 문제가 된 '모아이 석상' 말고도 여러 나라에서 유물을 돌려달라는 요구가 있었지만, 박물관은 법적으로 문제가 없고 유물 관리에 문제가 된다며 거부해 왔어요.

㉣"건물과 경비원 말고는 영국 박물관에 영국의 것은 없다."라는 놀림을 받는 영국 박물관은 유물을 돌려달라는 요구에 앞으로는 어떻게 **대처**할까요? 과연 모아이는 원래 있던 칠레의 섬으로 돌아갈 수 있을까요?

- **요구**(要 요청할 요, 求 구할 구) 받아야 할 것을 필요에 의해 달라고 부탁함.
- **유물**(遺 남길 유, 物 물건 물) 조상들이 자손들에게 남긴 물건.
- **대처**(對 대할 대, 處 처리할 처) 어떤 사건에 대하여 알맞은 조치를 취함.

2. 중심 문장 파악하기

1 각 문단의 중심 내용은 무엇인지 알맞은 번호를 써 보세요.

각 문단의 중심 문장을 읽으면 주제를 알 수 있어.

- ㉠ 문단의 중심 내용: ☐
  ① 영국 박물관이 SNS 댓글 창을 닫았다.
  ② 영국 박물관이 모아이를 돌려달라고 이야기했다.

- ㉡ 문단의 중심 내용: ☐
  ① 칠레 국민이 영국 박물관 SNS의 댓글 창을 닫으라고 했다.
  ② 영국 박물관은 칠레의 요구를 들어주지 않았다.

- ㉢ 문단의 중심 내용: ☐
  ① 영국 박물관은 다른 나라의 유물을 돌려주지 않고 있다.
  ② 영국 박물관은 모아이 석상을 돌려주기로 했다.

- ㉣ 문단의 중심 내용: ☐
  ① 앞으로 영국 박물관의 대처가 궁금하다.
  ② 영국 박물관은 놀림을 받아도 된다.

신라의 금귀걸이가 영국 박물관에?

영국 박물관에는 우리나라에서 가져간 유물도 많이 있어. 신라의 금귀걸이와 같은 유물이 일제 강점기 때 영국으로 팔려서 지금 영국 박물관에 있는 것이지. 그렇게 외국에서 돌아오지 못하고 있는 우리나라의 유물은 20만 점이 넘는다고 해. 가장 많이 가져간 나라는 일본이지. 우리나라는 세계에 흩어져 있는 우리 유물을 돌려받기 위한 노력을 계속하고 있어.

문화 예술

경복궁에 낙서하고 예술이라니!

경복궁 낙서 사건처럼 문화재나 예술 작품을 고의로 훼손하는 것을 '반달리즘' 이라고 해요. 2008년, 국보 제1호 숭례문 방화 사건도 반달리즘의 한 예이지요.

2023년 12월 17일, 경복궁 영추문 돌담에서 붉은색 스프레이로 한 가수의 이름과 앨범 제목을 쓴 낙서가 발견되었어요. 경찰의 수사가 시작되자 낙서를 한 20대 남성이 경찰에 자수했지요.

이 낙서 사건 하루 전에도 경복궁 담벼락과 영추문에 불법 영상 공유 사이트 주소를 쓴 낙서가 발견되었어요. 이는 사이트 운영자가 홍보를 위해 철없는 10대 청소년들에게 돈을 주고 시킨 일이었지요. 그런데 하루 만에 또 같은 곳에 낙서가 발견된 데다가, 자수한 남성이 그저 짓궂은 장난이고 예술 활동이었다고 하자 사람들은 분노했어요.

우리 문화재에는 우리의 역사가 담겨 있어요. 우리는 조상들처럼 문화재를 잘 보존해서 후손들에게 전해 주어야 할 의무가 있지요. 그래서 소중한 문화재를 훼손하는 장난은 예술이라고 할 수 없어요. 예술을 주장하며 경복궁에 낙서를 한 남성은 결국 구속되어 재판을 기다리고 있어요. 그리고 낙서를 지우고 경복궁 담을 보수하는 데 든 비용인 1억 원을 물어 줘야 하지요. 그는 지금 자신의 잘못된 행동을 깊이 반성하고 있다고 해요.

국가유산청은 경복궁에 폐쇄 회로 텔레비전(CCTV) 설치를 늘리고 순찰을 강화하기로 했어요. 하지만 전문가들은 문화재를 소중히 여기는 역사 교육이 우선이라고 했지요. 진정한 예술이란 무엇인가에 대해서도 함께 생각해 보아야 해요.

- 문화재(文 글월 문, 化 될 화, 財 재물 재) 가치가 뛰어나 법으로 보호하는 문화적 창조물.
- 훼손(毁 헐 훼, 損 덜 손) 무너뜨리거나 깨뜨려 못 쓰게 만듦.
- 보수(補 기울 보, 修 닦을 수) 건물이나 시설 등의 낡거나 부서진 것을 손보아 고침.

옥 쌤의 독해 교실

3. 세부 내용 파악하기

1 다음 중 <u>틀리게</u> 말한 친구를 모두 찾아 이름을 써 보세요.

> 정우: 경복궁에 낙서를 한 사람은 1억 원을 물어 줘야 한대.
> 영민: 영추문 돌담에서 붉은색 스프레이로 한 낙서가 발견되었대.
> 서준: 낙서를 한 범인을 아직 잡지 못했대.
> 하솔: 같은 사람이 영추문에 두 번 낙서했대.

☐☐ , ☐☐

2 기사의 내용 중 사실과 글쓴이의 의견을 구분하려고 합니다. 알맞은 것에 ○표 하세요.

- 낙서를 한 20대 남성이 자수했다.　　(사실 / 의견)
- 경복궁 낙서 사건은 이번이 처음이 아니다.
　　　　　　　　　　　　　　　　(사실 / 의견)
- 진정한 예술이란 무엇인가에 대해 함께 생각해 보아야 한다.
　　　　　　　　　　　　　　　　(사실 / 의견)

기사에는 사실과 함께 글쓴이의 의견이 들어가기도 해.

문화재 낙서가 장난? 감옥에 갈 수도!

경복궁의 낙서를 제거하려고 총 8일간 234명이 추운 겨울에 고생했고, 1억 원 이상의 비용이 들었어. 문화재를 훼손하면 5년 이하의 징역이나 5,000만 원 이하의 벌금에 처해질 수 있어. 게다가 복구에 드는 비용도 모두 물어 줘야 하지. 문화재에 낙서하는 것은 장난이 아니라 심각한 범죄라는 점을 명심해야 해.

문화 예술

한국 프로 야구, 베이스 커지고 로봇 심판 등장했다

야구에서 베이스란 타자가 공을 치는 곳인 홈과 공을 친 뒤 점수를 내기 위해 거쳐 가는 1루, 2루, 3루에 놓인 방석같이 생긴 물건을 말해요.

2024년, 한국 프로 야구에 변화가 생겼어요. 한국 야구 위원회에서 **도입**한 새로운 볼거리를 알아볼까요?

먼저 베이스 크기가 바뀌었어요. 1, 2, 3루 베이스의 한 변이 기존에는 15인치(38.1cm)였는데, 18인치(45.72cm)로 커졌어요. 이로 인해 베이스를 터치하며 점수를 내려는 공격 팀과 수비 팀 간의 충돌이 줄어서 좀 더 안전한 경기를 할 수 있게 되었어요. 또 베이스가 커진 만큼 각 베이스 간 거리가 줄어들어 적극적이고 빠른 경기를 펼치게 되었지요.

그리고 로봇 심판이 등장했어요. 야구는 투수가 공을 던지면 심판이 그 공이 볼인지 스트라이크인지 결정하지요. 그런데 사람의 눈으로 하는 일이다 보니 그 **판단**의 정확성에 대한 불만이 계속되었어요. 그래서 로봇 심판으로 불리는 '자동 투구 판정 시스템(ABS)'을 도입했어요. 야구장에 설치된 전용 카메라가 공이 날아가는 위치를 분석해 볼인지 스트라이크인지 판단하는 시스템이지요. 19번의 **시범** 경기에서 로봇 심판의 판단은 99% 정확한 것으로 밝혀졌어요.

또한 '피치 클록' 제도를 시작했어요. 이는 야구장에 시계를 설치하고 투수들이 그 시계에 표시된 시간 내에 공을 던지도록 하는 제도이지요. 하지만 피치 클록은 적응 기간이 필요하다고 판단되어 2024년까지는 시범으로만 운영하기로 했어요.

- **도입**(導 이끌 도, 入 들 입) 기술, 방법, 물자 등을 끌어 들임.
- **판단**(判 판가름할 판, 斷 끊을 단) 논리나 기준 등에 따라 판별하여 결정을 내림.
- **시범**(示 보일 시, 範 법 범) 모범을 보임.

옥 쌤의 독해 교실

3. 세부 내용 파악하기

1 베이스의 크기가 어떻게 변했는지 그림으로 바르게 나타낸 것은 무엇인가요?

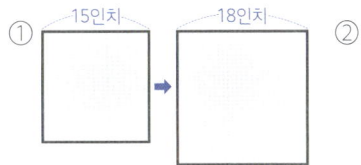
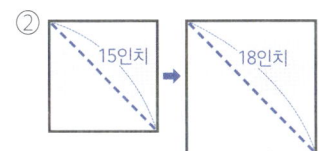

기사에서 베이스의 무엇이 얼마나 늘어났는지 살펴봐.

2 다음 중 <u>틀린</u> 것을 찾아 기호를 써 보세요.

㉠ 로봇 심판은 시범 경기에서 잘못 판단한 적이 한 번도 없다.
㉡ 베이스가 커져서 선수들의 부상이 줄어들 것이다.
㉢ 로봇 심판은 카메라를 이용해 볼과 스트라이크를 판단한다.
㉣ 2023년까지는 사람이 볼과 스트라이크를 결정했다.

기사에 나오는 수가 무엇을 의미하는지 잘 파악해야 해.

지식 쏙쏙

한국 야구는 로봇 심판, 피치 클록에 적응 중

선수들은 새로 도입된 제도에 아직 적응 중이야. 로봇 심판은 선수들의 키에 맞춰 스트라이크를 판단하는데 같은 키의 선수라도 다른 자세 때문에 판정이 달라지기도 해. 그리고 야구장에 따라 다른 로봇 심판 카메라 각도도 문제가 되고 있어. 또 선수들은 경기 속도를 빠르게 하려고 도입한 피치 클록 때문에 급하게 공을 던져야 해서 불편하다고 해.

문화 예술

?

'반려(伴侶)'란 '짝이 되는 친구'를 말해요. 사람들은 강아지, 고양이, 앵무새, 거북이, 물고기 등 다양한 동물을 반려동물로 키워요.

2024년, 우리나라에서는 '반려돌'이 인기를 끌고 있어요. 반려돌이란 반려동물처럼 돌보며 키우는 작은 돌멩이를 말해요. 이런 반려돌은 인기 연예인들이 자신의 반려돌을 방송에서 소개하며 주목받았어요. 자라지도 않는 돌멩이를 키운다니, 참 이상한 일이지요? 그렇지만 사람들은 반려돌에게 옷을 입히고 잠자리를 마련해 주는 등 정성껏 보살피지요. 반려돌을 파는 온라인 상점에서는 사람들의 이런 마음을 **반영**해 반려돌 등록증을 만들어 주어요. 이 반려돌 등록증에는 반려돌의 이름, 나이, 성격 등의 정보가 담겨 있어요. 반려돌 등록증과 함께 반려돌의 얼굴 표정을 그려 넣는 펜이나 반려돌의 옷과 장신구들도 잘 팔리지요.

2024년 3월 17일, 미국의 월스트리트저널은 우리나라에서 이렇게 반려돌이 인기를 끄는 이유에 대해 "**과로**한 한국인들이 쉬기 위해 찾은 방법"이라고 했어요. 일을 많이 해서 지친 우리나라 사람이 고요한 반려돌을 통해 긴장을 풀고 **위안**을 얻는다는 뜻이지요. 또 사람들은 키우기 쉽고 변함없이 항상 함께할 수 있어서 반려돌을 키운다고 해요.

2024년 4월에는 한 회사에서 반려돌을 팔기 위해 올린, 돌을 씻는 영상이 900만 뷰를 넘겼어요. 이 회사에서 준비한 반려돌 150세트는 40초 만에 다 팔렸지요. 이렇게 우리나라에서 반려돌의 인기는 여전히 계속되고 있어요.

- **반영**(反 돌이킬 반, 映 비칠 영) 다른 것에 영향을 받아 어떤 현상이 나타남.
- **과로**(過 지나칠 과, 勞 수고로울 로) 몸이 고달플 정도로 지나치게 일함.
- **위안**(慰 위로할 위, 安 편안할 안) 위로하여 마음을 편하게 함.

 옥 쌤의 독해 교실

4. 한 문장으로 정리하기

1 글쓴이가 이 기사를 쓴 이유는 무엇일까요?

① 반려돌에 대한 찬성과 반대 의견을 들어 보려고
② 사람들에게 반려돌이 인기가 많다는 것을 소개하려고
③ 사람들에게 반려돌에 문제가 많다는 것을 알리려고
④ 반려돌 때문에 발생한 사건을 소개하려고

기사에는 항상 글을 쓴 목적이 담겨 있어.

2 이 기사의 제목을 지으려고 합니다. 가장 어울리는 제목은 무엇인가요?

① 반려돌 이대로 괜찮을까?
② 사람들에게 버려지는 반려돌
③ 키우는 돌멩이, '반려돌'을 아시나요?
④ 반려돌을 깨끗하게 씻는 방법을 알아봅시다.

제목은 기사의 내용을 담으면서 사람들의 관심을 끌 수 있어야 해.

지식 톡톡

한국인의 독특한 휴식 문화, '멍때리기 대회'

미국의 월스트리트저널은 '반려돌'처럼 한국인들이 독특하게 휴식을 취하는 문화로 '멍때리기 대회'를 소개했어. 이 대회는 90분 동안 아무것도 하지 않고 그냥 멍하게 있는 것으로, 가장 안정된 심장 박동 수를 나타낸 사람이 우승자로 뽑혀. 멍때리기 대회는 바쁘게 살아가는 세상에서 아무 생각 없이 멍하니 쉬어 보자는 취지로 만들어졌다고 해.

문화 예술

아무 연주도 하지 않는 연주, 「4분 33초」

「4분 33초」가 연주되면 관객들은 일부러 소리를 지르거나 휘파람을 부는 등의 소리를 내기도 한다고 해요. 이것이 바로 이 곡을 즐기는 방법이기 때문이지요.

　2024년 4월 1일, 서울의 한 공연장에서 러시아의 피아니스트가 9곡의 피아노 연주를 마치고 들어갔어요. 관객들이 박수와 함께 **앙코르**를 외치자 피아니스트는 다시 나와 피아노 앞에 앉았지요. 관객들은 피아니스트의 연주를 기다렸지만, 그는 피아노 건반 위에 손도 올리지 않았어요. 그렇게 가만히 앉아 있던 그는 스마트폰으로 시간을 보고 4분 33초가 지나자 일어나서 인사를 했지요. 그런데 관객들은 아무것도 연주하지 않은 이 피아니스트에게 박수와 환호를 보냈어요. 도대체 이게 무슨 일일까요?

　사실 이 피아니스트는 존 케이지라는 미국의 **작곡가**가 만든 「4분 33초」라는 곡을 연주한 거예요. 이 곡의 악보에는 음표가 하나도 없고 '**침묵**'이라고만 쓰여 있어요. 이 곡의 제대로 된 연주법은 4분 33초 동안 그냥 가만히 있는 거예요. 이렇게 연주자가 가만히 있는 동안 공연장에는 관객이 내는 작은 소음들이 들려요. 이 곡은 이처럼 어떤 연주도 없이 공연장의 소음이나 관객들이 내는 소리를 듣도록 만들어졌어요. 작곡가 존 케이지는 세상에는 완전한 고요함이 존재하지 않는다는 생각을 담아 이 곡을 만들었다고 해요.

　원래 공연장에서 관객은 되도록 조용히 집중해야 하지만, 이 곡이 연주되는 동안에는 마음껏 소리를 내는 것이 오히려 곡을 완성시키는 일이에요. 여러분도 신나게 소리를 내며 나만의 「4분 33초」를 한번 즐겨 보면 어떨까요?

- **앙코르**(encore) 출연자의 훌륭한 솜씨를 칭찬하며 박수 등으로 다시 해 달라고 부탁하는 일.
- **작곡가**(作 지을 작, 曲 가락 곡, 家 사람 가) 전문적인 기술을 가지고 음악을 만드는 사람.
- **침묵**(沈 잠길 침, 默 잠잠할 묵) 고요함이 흐름. 또는 그런 상태.

# 옥 쌤의 독해 교실

4. 한 문장으로 정리하기

1 기사의 내용을 정리하려고 합니다. 알맞은 말에 ○표 하거나 □ 안에 알맞은 수를 써 보세요.

기사는 육하원칙에 맞춰 작성해야 해.

누가?	러시아의 피아니스트가	존 케이지가
언제?	2024년 □월 □일에	
어디에서?	러시아의 한 공연장에서	서울의 한 공연장에서
무엇을?	「4분 33초」라는 곡을	「침묵」이라는 곡을
어떻게?	아무 연주도 하지 않고 가만히 앉아 있었다.	
	양손으로 건반을 눌렀다.	
왜?	만우절이기 때문에	연주법을 잊었기 때문에
	가만히 있는 것이 제대로 연주하는 것이기 때문에	

2 「4분 33초」에 대해 바르게 설명한 것을 고르세요.

피아니스트가 왜 4분 33초 동안 연주를 하지 않았는지 생각해 봐.

① 4분 33초 동안 피아노 소리가 멈추지 않는 곡이다.
② 4분 33초 동안 아무도 소리를 내서는 안 되는 곡이다.
③ 4분 33초 동안 공연장의 소음이나 관객들이 내는 소리로 완성되는 곡이다.
④ 4분 33초 동안 잠시 쉬었다가 연주하는 곡이다.

지식 쏙쏙

이런 음악도 있다! 신기한 존 케이지의 음악

4분 33초 동안 아무 연주도 하지 않는 곡을 만든 존 케이지는 이처럼 실험적인 음악을 많이 만들었어. 그는 피아노에 못, 유리, 깃털, 고무 등을 끼워서 독특한 소리를 내게 하는가 하면, 12대의 라디오를 동시에 틀어 여러 방송 소리가 섞이게 하기도 했어. 그리고 항아리에 물을 쏟아붓거나 휘파람을 불어 곡을 만들기도 해서 사람들에게 큰 충격을 주었지.

문화 예술

책 안 읽는 한국인, 유튜브로 보면 된다고?

문화 체육 관광부는 중앙 행정 기관 중 하나로, 문화, 예술, 체육 등에 대한 업무를 맡고 있어요. 이곳에서는 2년마다 '국민 독서 실태'를 조사하여 발표해요.

2024년 4월 18일, 문화 체육 관광부가 발표한 '2023년 국민 **독서 실태**'에 따르면 1년 동안 책을 한 권이라도 읽은 성인은 43%라고 해요. 우리나라 성인 10명 중 6명 정도는 1년 동안 책을 한 권도 읽지 않았다는 말이지요. 게다가 책을 읽은 사람도 1년 동안 읽은 책의 권수가 평균 4권도 되지 않는다고 해요. 이는 조사를 시작한 1994년 이후 가장 낮은 결과예요. 그래도 초등·중·고등학생은 10명 중 9명 정도인 95.8%가 책을 읽었고, 1년에 평균 36권을 읽는다고 대답했어요. 학생들이 성인의 10배 정도 되는 책을 읽는 셈이지만, 책을 읽는 이유는 공부 때문이라는 답이 많았어요. 책을 좋아해서 읽는다는 대답은 성인이 18.3%, 학생이 39.6%였어요. 이것으로 보아 국민 대부분이 독서에 관심이 없다는 것을 알 수 있어요.

전문가들은 우리나라 사람들이 독서하지 않는 이유 중 하나로 유튜브를 꼽았어요. 사람들은 몇 시간씩 책을 읽는 것보다 유튜브에서 책 내용을 짧게 **요약**해 주는 영상이나 필요한 정보가 정리된 영상을 본다는 거죠. 하지만 이런 영상들에 익숙해지면 스스로 생각하는 능력을 키우기 어려워져요. 떠먹여 주는 정보는 온전히 자기 것이 되기 힘들기 때문이지요. 전문가들은 시간이 걸리고 어렵더라도 직접 책을 읽는 것이 생각하는 힘을 키우는 방법이라고 강조했어요.

- **독서**(讀 읽을 독, 書 책 서) 책을 읽음.
- **실태**(實 실제 실, 態 모양 태) 있는 그대로의 상태. 또는 실제의 모양.
- **요약**(要 중요할 요, 約 묶을 약) 말이나 글의 요점을 잡아서 간추림.

 생각 넓히기

1. 적용 및 추론하기

1 다음은 어느 신문에 실린 기사의 제목입니다. 이 중에서 글쓴이가 쓰지 <u>않았을</u> 것으로 예상되는 것을 고르세요.

① 책과 함께하는 시간, 독서가 우리에게 주는 행복
② 하루라도 빨리 스마트폰을 아이들에게 사 줘야 하는 이유
③ 책 읽기, 부모와 아이가 함께하면 좋아요
④ 독서 습관을 기르는 10가지 방법

기사의 내용을 통해 글쓴이의 생각을 알 수 있어.

2 기사를 통해 추론할 수 있는 내용으로 적절하지 <u>않은</u> 것을 고르세요.

① 스마트폰이 없었을 때는 사람들이 지금보다 독서를 더 많이 했을 것이다.
② 유튜브를 보는 사람은 책 읽는 것도 좋아할 것이다.
③ 유튜브만 보면 생각하는 힘을 키우기 어려울 것이다.
④ 1994년에는 사람들이 지금보다 책을 더 많이 읽었을 것이다.

기사에 있는 단서를 이용해 여러 가지를 추론할 수 있어.

초등학교 독서 습관이 평생 문해력을 만들어요!

'문해력'이란 글의 내용을 이해하고 사용할 수 있는 능력으로 독서를 통해 길러져. 문해력이 없으면 국어뿐만 아니라 모든 과목 공부를 제대로 할 수 없지. 창의력과 분석, 이해를 담당하는 뇌 활동이 가장 활발한 초등학교 시절이 문해력을 기르기에 가장 좋은 때야. 그래서 초등학교 때 제대로 된 독서 습관을 들이는 게 중요해.

문화 예술

어버이날에 왜 카네이션을 선물하게 되었을까?

카네이션의 꽃말에는 '사랑', '존경', 그리고 '감사'의 의미가 담겨 있어요. 이러한 마음을 표현하기 위해 우리는 어버이날에 부모님께 카네이션을 드려요.

매년 5월 8일은 낳으시고 길러 주신 **어버이**의 은혜에 감사하고, 어르신을 **공경**하는 마음을 키우기 위해 만들어진 '어버이날'이에요. 이날 꼭 빠지지 않는 것이 있어요. 바로 '카네이션'이지요. 그런데 어버이날에는 많은 꽃 중에서 왜 하필 카네이션을 드리는 걸까요?

그 까닭을 알려면 1900년대 초 미국 필라델피아에 살던 애나 자비스의 이야기를 해야 해요. 애나는 어머니가 돌아가시자 어머니 무덤에 어머니가 좋아하시던 카네이션을 심었어요. 그리고 어머니가 돌아가신 뒤 2년째 되던 1907년에 교회에서 사람들에게 흰 카네이션을 나누어 주며 어머니를 **추모**했어요. 그리고 정부에 일 년에 하루는 어머니의 사랑을 생각하는 날로 만들자고 제안하는 편지를 썼지요. 애나에게 공감하는 사람들이 많아지자 1914년에 미국 대통령은 5월 두 번째 일요일을 '(㉠)의 날'로 정해 기념하기로 했어요. 그래서 카네이션이 (㉠)의 사랑에 감사하는 의미를 가지게 되었고, (㉠)의 날에 (㉠)께 선물하는 꽃이 되었죠.

미국이 정한 이 (㉠)의 날을 따라 우리나라는 1955년에 5월 8일을 (㉠)의 날로 정했어요. 그리고 1973년에 아버지와 어른, 노인을 모두 포함한 어버이날로 바꾸게 되었지요. 이렇게 우리나라의 어버이날이 생겼고, 어버이날에 부모님께 카네이션을 선물하게 되었답니다.

- **어버이** 아버지와 어머니를 아울러 이르는 말.
- **공경**(恭 공손할 공, 敬 정중할 경) 겸손하고 예의 바르게 받들어 모심.
- **추모**(追 쫓을 추, 慕 사모할 모) 죽은 사람을 그리며 생각함.

생각 넓히기

1. 적용 및 추론하기

1 기사에서 ㉠에 알맞은 말은 무엇일까요?

① 어머니
② 아버지
③ 어버이
④ 어린이

애나의 이야기를 보고 ㉠에 알맞은 말을 추론해 봐.

2 기사를 통해 추론할 수 있는 내용으로 적절한 것을 고르세요.

① 애나는 어머니와 사이가 좋지 않았을 것이다.
② 우리나라의 어버이날은 미국의 어머니의 날보다 더 일찍 만들어졌다.
③ 미국의 어머니의 날은 매년 날짜가 바뀔 것이다.
④ 우리나라의 어버이날은 미국의 어머니의 날과 날짜가 같다.

이미 알고 있는 사실과 글 속의 단서를 이용해 추론해 봐.

지식 쏙쏙

베트남의 어버이날

베트남의 어버이날은 음력 7월 15일이야. 이날을 부란절이라고도 해. 보살이 지옥에서 어머니를 구해 낸 옛이야기에서 유래하여 이날이 부모님께 효도하는 어버이날이 되었대. 베트남에서는 어버이날에 아침 제사를 지내고 가족이 모두 모여 식사를 한 뒤 부모님께 선물과 꽃을 드리는데, 이때 드리는 꽃은 카네이션이 아니라 장미라고 해.

문화 예술

어린이날이 행복하지 않은 한국인, 도대체 왜?

어린이날은 방정환 선생님이 어린이에 대한 사랑과 보호 정신을 높이고, 아이들이 옳고 슬기로우며 씩씩하게 자라도록 하기 위해 만든 날이에요.

매년 5월 5일 어린이날이 되면 어린이들은 신이 나요. 부모님께 선물을 받거나 소풍도 가고 맛있는 것도 먹으며 즐겁게 보내거든요. 어른들도 즐거워하는 어린이들을 보며 함께 **행복**해하지요. 그런데 우리나라 사람들이 어린이날에 예전만큼 행복하지 않다는 소식이 전해졌어요.

2024년 4월, 서울대학교 행복연구센터는 2017년부터 2024년까지 국민의 행복 정도를 조사한 결과를 책으로 냈어요. 이에 따르면 어린이날이 2018년에는 1년 중 가장 행복한 날 1위였고, 2019년에는 4위였지요. 그런데 2020년에는 258위로 뚝 떨어졌어요. 이것은 코로나19 때문에 어린이날에도 가족이 함께 사람이 많은 곳에서 즐길 수 없었기 때문이었지요. 그러면 코로나19 유행이 지나고 난 뒤에는 다시 어린이날이 가장 행복한 날이 되어야 하는데 **현실**은 달랐어요. 2022년에는 어린이날의 행복 순위가 191위, 2023년에는 146위였거든요. 왜 이렇게 된 걸까요?

행복연구센터는 가장 큰 이유가 물가가 오르고 경제가 나빠졌기 때문이라고 했어요. **주머니 사정이 나빠진** 부모님들이 어린이날에 아이들이 원하는 선물을 주지 못하고 외식, 나들이를 하지 못하게 되면서 아이들도 부모님도 행복하지 않게 되었다는 것이죠. 우리나라 경제가 좋아지고 부모님들의 주머니가 넉넉해지면 다시 어린이날이 가장 행복한 날이 되지 않을까 기대해 봐요.

- **행복** (幸 다행 행, 福 복 복) 생활에서 충분한 만족과 기쁨을 느끼어 흐뭇함. 또는 그러한 상태.
- **현실** (現 지금 현, 實 실제 실) 현재 실제로 존재하는 사실이나 상태.
- **주머니 사정이 나빠진** 돈의 형편이 좋지 않아진.

2. 나의 생각 정리하기

1 다음 예와 같이 어린이날에 나를 행복하게 만드는 것 한 가지와 그 이유를 써 보세요.

- 어린이날에 부모님과 함께 보내는 시간이 행복해. 평소에는 바빠서 함께하기 어렵지만, 어린이날에는 하루 종일 같이 지낼 수 있기 때문이야.
- 어린이날에 가족들과 함께 음식을 먹는 게 행복해. 혼자서 먹는 것보다 함께 먹는 게 더 맛있기 때문이야.

사람마다 행복의 조건은 달라. 무엇이 나를 행복하게 만드는지 생각해 봐.

2 어린이날에 부모님과 아이들이 모두 행복할 수 있는 방법에는 무엇이 있을지 써 보세요.

부모님의 경제적 부담을 줄이면서도 아이들이 행복할 수 있는 나만의 방법을 생각해 볼까?

우리나라 어린이는 행복하지 않다?

2021년 경제 협력 개발 기구(OECD) 조사에서 한국 어린이의 행복 순위는 22개국 중 꼴찌인 22위였어. 또 국제 아동 삶의 질 조사에서도 한국 어린이들은 35개국 중 31위였다고 해. 우리나라 어린이들이 이렇게 행복하지 않다고 느끼는 이유는 지나친 경쟁에 시달려야 하는 교육 현실 때문이라는 분석이 많지.

문화 예술

경복궁에서 엉터리 한복은 이제 그만!

국가유산청은 문화재청의 새로운 이름이에요. 이 기관은 우리나라의 중앙 행정 기관으로, 우리 조상들이 물려준 유산을 보호하고 관리하는 역할을 해요.

요즘 경복궁에 가면 한복을 입은 사람들을 많이 볼 수 있어요. 한복을 입으면 경복궁 입장료를 받지 않거든요. 사람들은 경복궁 주변에 있는 한복 대여점에서 한복을 빌려 입고 사진을 찍으며 즐기지요. 또 경복궁을 찾은 외국인들도 한국의 한복을 입는 체험을 좋아해요. 그런데 자세히 보면 사람들이 입고 있는 한복의 모습이 이상한 것을 알 수 있어요. 서양 드레스처럼 부풀린 치마에는 레이스가 달려 있고, 옷고름 대신 리본이 달려 있기도 해요. 또 왕이 입는 옷을 입고 머리에는 갓을 쓰는 등의 잘못된 옷차림도 많이 보여요. 이렇게 우리 전통 한복이 아닌 엉터리 한복은 '퓨전 한복'이라고 불리며 경복궁 주변 대여점에 가득 걸려 있어요.

이런 퓨전 한복이 문제가 되는 까닭은 외국인이나 어린이들이 그 엉터리 한복이 한국의 전통 한복이라고 오해할 수 있기 때문이에요. 또 이렇게 계속되다가는 우리 전통 한복의 모습을 잃게 될 수도 있어요. 그래서 2024년 5월, 국가유산청이 전통 한복에서 벗어난 한복 문화를 **개선**하겠다고 나섰어요. 국가유산청장은 전통 한복에 대한 **개념**을 바로잡기 위해 여러 기관이나 단체와 함께 협력하겠다고 했어요. 또 경복궁 주변 한복 대여점에 전통 한복의 **기준**을 제시하는 방법도 마련 중이라고 해요. 이와 함께 한복을 입은 사람의 경복궁 무료 관람 조건도 검토하겠다고 했지요. 국가유산청장은 "아무것도 하지 않은 채 그냥 두면 우리 한복이 사라질 수도 있다."라고 강조했어요. 우리도 엉터리 한복을 없애고 우리 전통 한복을 지키기 위해 함께 노력해야 해요.

- **개선**(改 고칠 개, 善 좋을 선) 잘못된 것이나 부족한 것, 나쁜 것 등을 고쳐 더 좋게 만듦.
- **개념**(概 대개 개, 念 생각 념) 어떤 사물이나 현상에 대한 일반적인 지식.
- **기준**(基 터 기, 準 법도 준) 기본이 되는 표준.

2. 나의 생각 정리하기

1 우리나라의 전통문화 중 한 가지를 골라 외국인에게 소개하는 글을 써 보세요.

> 한복, 한옥, 한식, 한국의 음악,
> 한국의 문화재, 한국의 궁궐, 한국의 그림

외국인 친구가 있다면 우리나라의 어떤 문화를 소개하고 싶은지 생각해 봐.

2 '퓨전'과 '퓨전이 포함된 단어'의 뜻을 살펴보고, 여러분이 생각하는 퓨전 문화의 장점과 단점을 써 보세요.

> 퓨전: 서로 다른 두 종류 이상의 것을 섞어 새롭게 만든 것.
> 퓨전 국악: 가야금으로 외국의 노래를 연주한다.
> 퓨전 한식: 떡볶이에 중국 재료인 '마라'를 추가한다.

우리의 소중한 문화를 지키기 위해서는 어떻게 하는 것이 좋을까?

퓨전 문화의 장점	퓨전 문화의 단점

중국 베이징 올림픽에서 한복 때문에 소동이?

2022년 중국 베이징 올림픽 개막식에서 중국의 국기를 들고 있는 참가자가 한복을 입고 있는 모습이 문제가 된 일이 있었어. 중국은 그것이 중국의 소수 민족인 조선족의 전통 복장을 표현한 것이라고 했지만, 우리나라 사람들은 한복을 중국 문화로 나타낸 것이 아니냐며 불쾌해했지. 우리나라 정치인들은 '한복은 우리나라의 전통 복장'이라며 중국에 항의하기도 했어.

옥 쌤의 쏙쏙 어휘

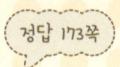

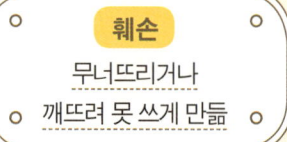
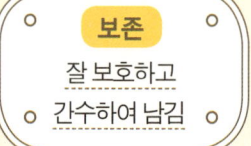

비판 옳고 그름을 판단하여 밝힘

훼손 무너뜨리거나 깨뜨려 못 쓰게 만듦

보존 잘 보호하고 간수하여 남김

유물 조상들이 자손들에게 남긴 물건

유적 건축물이나 싸움터 등 남아 있는 자취

우리나라에서는 (조상들이 자손들에게 남긴 물건)이나 (건축물이나 싸움터 등 남아 있는 자취) 중 가치가 높은 것을 문화재로 지정해 보호하고 있어요. 그런데 종종 우리나라의 소중한 문화재를 (무너뜨리거나 깨뜨려 못 쓰게 만듦)하는 사람들이 있어요. 이런 행동을 하는 사람들은 (옳고 그름을 판단하여 밝힘)을 받죠. 여러분은 문화유산을 오래도록 (잘 보호하고 간수하여 남김)할 수 있도록 소중히 여겨 주세요.

★ 위의 문장을 알맞은 어휘를 사용하여 바꾸어 볼까요?

우리나라에서는 _____이나 _____ 중 가치가 높은 것을 문화재로 지정해 보호하고 있어요. 그런데 종종 우리나라의 소중한 문화재를 _____하는 사람들이 있어요. 이런 행동을 하는 사람들은 _____을 받죠. 여러분은 문화유산을 오래도록 _____할 수 있도록 소중히 여겨 주세요.

영국 박물관에는 사람 얼굴 모양의 거대한 '모아이 석상'이 있어요. 이 모아이 석상은 원래 칠레 라파누이섬에 있던 것인데, 약 150년 전 영국 해군이 이 섬에서 2점을 영국으로 가져온 것이에요. 그래서 칠레는 영국 박물관에 모아이 석상을 돌려달라고 요구하고 있어요. 여러분은 이에 대해 어떻게 생각하나요?

모아이 석상을 칠레에 돌려주어야 할까? 아니면 돌려주지 않아도 될까?

저는 칠레에 모아이 석상을 돌려주어야 한다고 생각해요.

왜냐하면 모아이 석상은 칠레의 유물이기 때문이에요. 따라서 원래 주인인 칠레에 돌려주는 것이 옳다고 생각해요.

저는 칠레에 모아이 석상을 돌려주지 않아도 된다고 생각해요.

왜냐하면 법적으로 문제가 없기 때문이에요. 그리고 모아이 석상을 칠레로 옮기다가 훼손될 수도 있어서 돌려주지 않아도 된다고 생각해요.

저는

왜냐하면

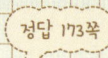

어젯밤 꿈에 신화 책에서 본 스핑크스가 나왔어. 여자 얼굴에 독수리의 날개를 가진 사자의 모습이었지. 꿈에서 스핑크스가 나에게 수수께끼를 냈는데, 그게 어찌나 어렵던지……. 스핑크스는 지나가는 사람에게 수수께끼를 내어 풀지 못하면 죽였다고 해.

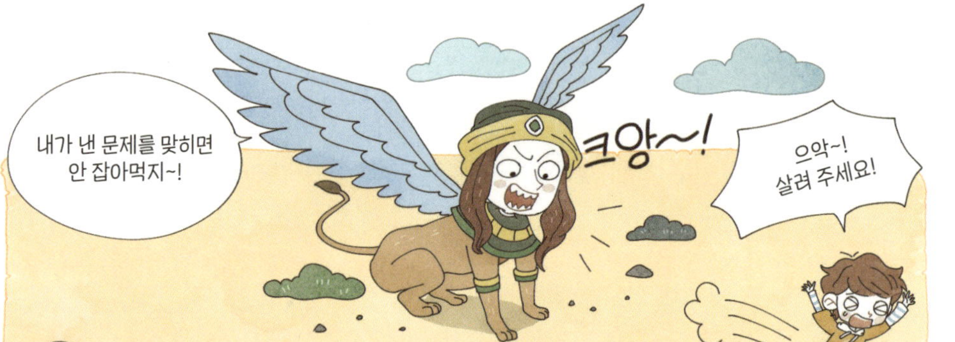

내가 낸 문제를 맞히면 안 잡아먹지~!

크앙~!

으악~! 살려 주세요!

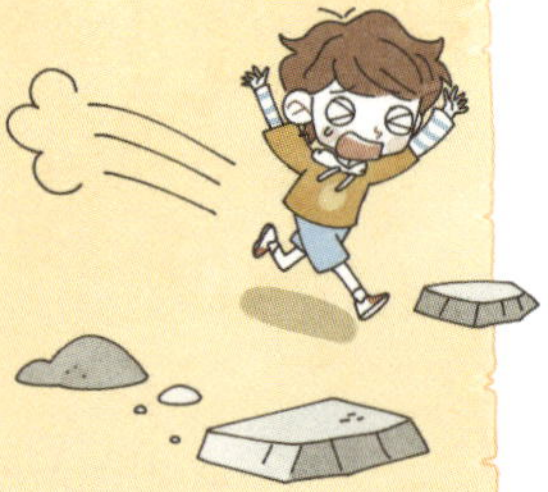

내가 내는 수수께끼를 모두 맞히면 살려 주겠다.
비가 올 때 시끄럽게 나타나는 가장 빠른 개는 무엇일까?

| ㅂ | ㄱ |

깎으면 깎을수록 더 커지는 것은 무엇일까?

| ㄱ | ㅁ |

잘 맞혔다. 다음 문제다.
아침에는 네 발, 낮에는 두 발, 저녁에는 세 발로 걷는 것은 무엇일까?

| ㅇ | ㄱ |

대단하군! 이 문제도 맞힌다면 살려 주지.
봄에는 화사하게 옷을 입고, 여름에는 옷을 더 껴입으며, 가을이 되면 옷을 벗기 시작하고, 겨울이 되면 벌거벗게 되는 것은 무엇일까?

| ㄴ | ㅁ |

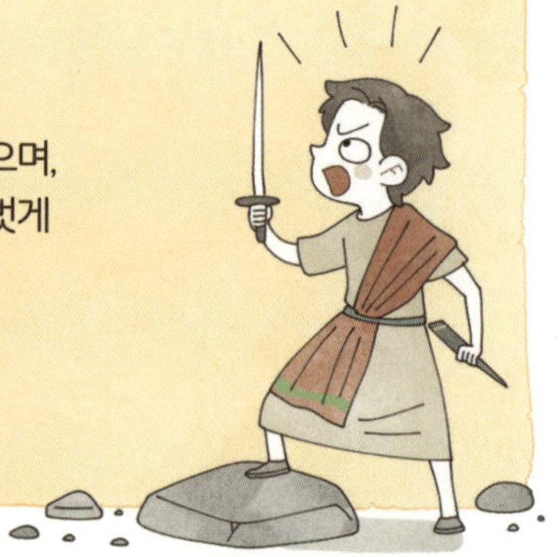

똑똑한 신문 어휘

교육부에서 지정한 필수 교과 어휘에는 ★표시하였습니다.

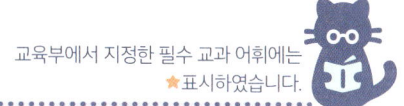

ㄱ

가입★ 110
조직이나 단체 등에 들어가거나, 서비스를 제공하는 상품 등을 신청함

가치 86
사물이 지니고 있는 쓸모

간섭★ 130
직접 관계가 없는 남의 일에 부당하게 참견함

감당 76
일 등을 맡아서 해냄

감소★ 48
양이나 수치가 줆

강우 108
비가 내림

개념★ 148
어떤 사물이나 현상에 대한 일반적인 지식

개선★ 148
잘못된 것이나 부족한 것, 나쁜 것 등을 고쳐 더 좋게 만듦

검색★ 46
책이나 컴퓨터에서, 목적에 따라 필요한 자료들을 찾아내는 일

결제★ 64
돈을 주고받아 거래를 끝맺는 일

경제★ 86
사람들이 사는 데 필요한 것을 만들고 나누고 쓰는 모든 활동

계정 110
인터넷에서, 이용자가 누구인지 나타내는 문자나 숫자로 된 체계

고발 126
수사 기관에 범죄 사실을 신고하여 벌을 주도록 요구하는 일

공감★ 78
남의 감정, 의견, 주장 등에 대하여 자기도 그렇다고 느낌

공격수 126
단체 경기에서, 공격을 기본적인 임무로 하는 선수

공경 144
겸손하고 예의 바르게 받들어 모심

공급★ 92
요구나 필요에 따라 물품 등을 제공함

공익★ 14
사회 전체의 이익

과로★ 138
몸이 고달플 정도로 지나치게 일함

과로사 28
지나치게 일하여 생긴 병으로 목숨을 잃음

광고★ 90
상품이나 서비스에 대한 정보를 여러 가지 매체를 통하여 소비자에게 널리 알리는 의도적인 활동

153

광물 22	철, 금, 은, 수은, 가스처럼 자연에서 얻어지는 물질
교체 78	사람이나 사물을 다른 사람이나 사물로 대신함
구매력 92	개인이나 단체가 물품이나 노동력을 살 수 있는 능력
구조 112	재난 등을 당하여 어려운 처지에 빠진 사람을 구해 줌
구호물자 102	재난 등으로 어려움에 처한 사람을 돕기 위한 물건
권력 52	남을 복종시키거나 지배할 수 있는 공인된 권리와 힘
권리 118	어떤 일을 하거나 남에게 당연히 요구할 수 있는 힘이나 자격
권장량 76	건강을 위해 먹기를 추천하는 양
궤도 22	별이나 인공위성 등이 다른 별의 둘레를 돌면서 그리는 곡선의 길
귀천 52	신분이나 일 등의 지위가 높고 낮음
규모 74	사물이나 현상의 크기나 범위
규정 26	규칙으로 정해 놓은 것
금값 88	금에 맞먹을 만큼 비싼 값
급성장 70	무엇의 크기나 범위가 빠르고 거세게 커짐

기념 80	뜻깊은 일이나 훌륭한 인물 등을 오래 잊지 않고 마음에 간직함
기대 수명 36	인간이 태어나서 앞으로 살아있을 것으로 기대되는 평균 생존 연수
기준 56	기본이 되는 표준
기후 20	일정한 지역에서 여러 해에 걸쳐 나타난 기온, 비, 눈, 바람 따위의 평균 상태

ㄴ

나들이 146	집을 떠나 가까운 곳에 잠시 다녀오는 일
난민 102	전쟁, 폭력, 자연재해 같은 재난을 피해 살던 곳을 떠나 도망치거나 쫓겨난 사람
낭비 80	시간이나 재물을 헤프게 씀
논란 14	여럿이 서로 다른 주장을 내며 다툼
논의 78	어떤 문제에 대하여 서로 의견을 내어 토의함

ㄷ

대용량 80	아주 큰 분량

단어	쪽	뜻
대처	132	어떤 사건에 대하여 알맞은 조치를 취함
대체	34	다른 것으로 대신함
도입	136	기술, 방법, 물자 등을 끌어들임
독서	142	책을 읽음
돈	82	귀금속이나 한약재 등의 무게를 재는 말
득표	44	투표에서 찬성표를 얻음
떼	114	목적이나 행동을 같이하는 무리

ㅁ

단어	쪽	뜻
마감	116	정해진 기한의 끝
막	16	물건의 표면을 덮고 있는 얇은 물질
멸종	14	생물의 한 종류가 아주 없어짐
멸종 위기	60	생물의 한 종류가 아주 없어질 위험한 고비나 시기
무장	100	전투에 필요한 장비를 갖춤
문양	106	물건에 나타난 어떤 모양
문화재	134	가치가 뛰어나 법으로 보호하는 문화적 창조물
물가	72	물건의 값
미성년자	110	민법상 만 19세 미만의 사람
민간	22	관청이나 정부 기관에 속하지 않음
민간인	98	관리나 군인이 아닌 일반 사람
민감	32	자극에 빠르게 반응을 보이거나 쉽게 영향을 받음
민주주의	120	국민이 권력을 가지고 그 권력을 스스로 행사하는 제도

ㅂ

단어	쪽	뜻
반군	100	반란을 일으킨 군대
반영	138	다른 것에 영향을 받아 어떤 현상이 나타남
발견	16	아직 알려지지 않은 사물이나 현상, 사실 등을 찾아냄
발길	92	사람들의 왕래
배려	54	도와주거나 보살펴 주려고 마음을 씀
배변	18	대변을 몸 밖으로 내보냄

단어	뜻
배출* 36	안에서 밖으로 밀어 내보냄
뱃길 112	배가 다니는 길
번식 32	붇고 늘어서 많이 퍼짐
범위* 82	어떤 것이 미치는 한계
보수* 134	건물이나 시설 등의 낡거나 부서진 것을 손보아 고침
보장* 116	어떤 일이 어려움 없이 이루어지도록 조건을 마련하여 보호함
보존* 62	잘 보호하고 간수하여 남김
보증금 18	어떤 약속을 지키겠다는 뜻으로 미리 주는 돈
부담* 116	어떠한 의무나 책임을 짐
부류 114	같은 성질을 가진 대상들을 일정한 기준에 따라 나누어 놓은 갈래
부화 32	알 속에서 새끼가 껍데기를 깨고 밖으로 나옴
분실* 64	자기도 모르는 사이에 물건 등을 잃어버림
분쟁* 42	말썽을 일으키어 시끄럽고 복잡하게 다툼
분해* 34	여러 부분이 결합되어 이루어진 것을 그 낱낱으로 나눔
불안정 20	안정성이 없거나 안정되지 못한 상태임
불이익* 62	이익이 되지 않고 손해가 되는 데가 있음
비결* 130	세상에 알려져 있지 않은 자기만의 뛰어난 방법
비판* 128	옳고 그름을 판단하여 밝히거나 잘못된 점을 지적함
빚 86	남에게 갚아야 할 돈

ㅅ

단어	뜻
사료 70	집에서 기르는 동물에게 주는 먹을거리
사육* 24	어린 가축이나 짐승이 자라도록 먹이어 기름
상징* 106	눈에 보이지 않는 생각이나 사물을 구체적인 사물로 나타냄
생산* 74	인간이 생활하는 데 필요한 각종 물건을 만들어 냄
생태* 16	생물이 살아가는 모양이나 상태
선정* 58	여럿 가운데서 어떤 것을 뽑아 정함
성장* 24	사람이나 동식물 등이 자라서 점점 커짐
세금* 86	나라에 필요한 일에 쓰기 위해 국민에게 강제로 거두는 돈

세심하다 60	작은 일에도 꼼꼼하게 주의를 기울여 빈틈이 없다
소비량 76	돈이나 물건 등을 쓰는 양
소송 128	재판을 하여 누가 옳은지 따져 달라고 법원에 요구함
소음* 54	기분이 나쁘게 시끄러운 소리
소홀* 126	대수롭지 아니하고 예사로움
속 88	김을 묶어 세는 말(한 속은 김 100장)
손해* 84	물질적으로나 정신적으로 들인 값보다 적게 얻은 것
수명* 60	생물이 살아 있는 기간
수상* 14	상을 받음
수수료* 92	어떤 일을 맡아 처리해 준 데 대한 대가로서 주는 돈
수입* 72	다른 나라로부터 상품이나 기술 등을 국내로 사들임
수입* 84	돈이나 물품 등을 거두어들임 또는 그 돈이나 물품
수집가 128	여러 가지 물건이나 재료를 찾아 모으는 것을 전문적으로 하는 사람
수출* 100	국내의 상품이나 기술을 외국으로 팔아 내보냄
수확 88	익은 농작물을 거두어들임
시도* 70	어떤 것을 이루어 보려고 계획하거나 행동함
시범* 136	모범을 보임
시장* 70	상품과 서비스의 거래가 이루어지는 공간
시장* 120	지방 자치 단체인 시의 책임자
시행* 110	법을 발표한 뒤 그 법을 실제로 적용하는 일
식수* 18	먹을 용도의 물
식용 24	먹을 것으로 씀
신고* 56	국민이 법에 따라 국가 기관에 일정한 사실을 보고함
신입생* 48	학교에 새로 들어온 학생
실태* 142	있는 그대로의 상태 또는 실제의 모양

ㅇ

안절부절 50	마음이 초조하고 불안하여 어찌할 바를 모르는 모양
앙코르 140	출연자의 훌륭한 솜씨를 칭찬하며 박수 등으로 다시 해 달라고 부탁하는 일

어휘	뜻	어휘	뜻
야생 동물 60	산과 들에서 저절로 나서 자라는 동물	위안 138	위로하여 마음을 편하게 함
어버이 144	아버지와 어머니를 아울러 이르는 말	유물* 132	조상들이 자손들에게 남긴 물건
연안 16	육지와 닿아 있는 바다·강·호수 등의 물가	유엔(UN) 104	국제 평화를 유지하기 위한 목적으로 설립된 국제 평화 기구
영웅* 120	지혜와 재능이 뛰어나고 용맹하여 어려운 일을 해내는 사람	유출* 112	밖으로 흘러 나감
예상* 72	어떤 일을 직접 당하기 전에 미리 생각하여 둠	육류 24	먹을 수 있는 짐승의 고기 종류
예측* 30	미리 헤아려 짐작함	은혜 144	고맙게 베풀어 주는 신세나 혜택
온난화* 28	지구의 기온이 높아지는 현상	의사 42	나라를 위해 몸을 바쳐 정의롭게 일하려는 뜻을 가진 사람
온전히 142	본바탕 그대로 고스란히	의존 50	다른 것에 마음을 기대어 도움을 받고 있음
옷고름 148	저고리나 두루마기의 깃 끝과 그 맞은편에 하나씩 달아 양편 옷깃을 여밀 수 있도록 한 헝겊 끈	이익* 84	물질적으로나 정신적으로 보탬이 되는 것
요구* 132	받아야 할 것을 필요에 의해 달라고 부탁함	이자* 82	남에게 돈을 빌려 쓴 대가로 치르는 일정한 비율의 돈
요약* 142	말이나 글의 요점을 잡아서 간추림	인격* 26	한 사람의 권리와 가치가 인정되는 자격
운하* 100	배가 다닐 수 있도록 땅에 파 놓은 물길	일쑤* 116	흔히 또는 으레 그러는 일
원료 34	어떤 물건을 만드는 데 들어가는 재료	입산료 18	산에 들어갈 때 내는 돈
월평균* 46	한 달을 단위로 하여 내는 평균	입학식* 48	학교에 새로 들어온 학생들을 모아 놓고 행하는 의식

ㅈ

자수 134 — 범인이 스스로 수사 기관에 자기의 범죄 사실을 신고하고, 그 처분을 구하는 일

자정 20 — 밤 열두 시

자제 54 — 무엇을 하고 싶은 마음을 스스로 참음

작곡가* 140 — 전문적인 기술을 가지고 음악을 만드는 사람

장신구 138 — 몸치장을 하는 데 쓰는 물건

재난* 108 — 뜻밖에 일어난 재앙과 고난

재치 64 — 눈치 빠른 재주

적용* 26 — 알맞게 이용하거나 맞추어 씀

전망* 74 — 앞날을 헤아려 내다봄 또는 내다보이는 장래의 상황

접하다 130 — 가까이 대하다

정책* 52 — 정치적 목적을 이루기 위한 방법과 계획

조국 120 — 조상 때부터 대대로 살던 나라

조언* 64 — 말로 거들거나 깨우쳐 주어서 도움

조치* 62 — 벌어지는 사태를 잘 살펴서 필요한 대책을 세워 행함

종료 90 — 어떤 행동이나 일 등이 끝남

종말 20 — 계속된 일이나 상태의 맨 끝

주(州) 44 — 연방 국가의 행정 구역의 하나

주기* 114 — 같은 특징이 한 번 나타나고부터 다음번 되풀이되기까지의 기간

주머니 사정이 나빠진 146 — 돈의 형편이 좋지 않아진

주목* 90 — 관심을 가지고 주의 깊게 살핌 또는 그 시선

중독* 46 — 무언가에 깊이 빠져 정상적으로 판단할 수 없는 상태

지구 102 — 일정한 기준에 따라 여럿으로 나눈 땅의 한 구역

지능 30 — 머리를 쓰는 일을 얼마나 잘 하느냐에 따라 정해지는 적응 능력

지디피(GDP) 104 — 일정 기간 동안 국내에서 생상된 모든 물건과 서비스를 돈의 값으로 나타낸 것

지원* 102 — 지지하여 도움

지지하다* 132 — 어떤 사람이나 단체의 주의·정책·의견에 찬성하여 이를 위하여 힘을 쓰다

단어	뜻
지질* 58	지각을 이루는 여러 가지 암석이나 지층의 성질 또는 상태
지출 84	어떤 목적을 위하여 돈을 지급하는 일
지형* 58	땅의 생긴 모양
진품 128	진짜인 물품
진학* 62	상급 학교에 감

ㅊ

단어	뜻
차별* 56	둘 이상의 대상을 등급이나 수준 따위의 차이를 두어서 구별함
참혹하다 98	비참하고 끔찍하다
창작물* 26	독창적으로 지어낸 예술 작품
최고* 104	많은 것 중에서 가장 뛰어나거나 첫째가는 것
최고치 76	가장 높은 값
최전방 126	적과 맞서고 있는 싸움터의 맨 앞
추모* 144	죽은 사람을 그리며 생각함
추세* 74	어떤 현상이 일정한 방향으로 나아가는 경향
추측* 108	미루어 생각하여 헤아림
출생률 48	일정한 기간에 태어난 사람의 수가 차지하는 비율
취업자 52	일정한 직업을 잡아 직장에 나가는 사람
치르다* 44	무슨 일을 겪어 내다
친환경 28	자연환경을 오염하지 않고 자연 그대로의 환경과 잘 어울리는 일
침공 98	다른 나라를 쳐들어가 공격함
침묵* 140	고요함이 흐름 또는 그런 상태
침해* 118	침범하여 해를 끼침

ㅌ

단어	뜻
탐사* 22	알려지지 않은 사물이나 사실 등을 샅샅이 더듬어 조사함
태양열 28	태양에서 나와 지구에 도달하는 열
투구 136	야구나 볼링 등에서, 공을 던짐
투표* 44	선거를 하거나 가부를 결정할 때에 투표용지에 의사를 표시하여 일정한 곳에 내는 일

ㅍ

파충류 30
뱀, 악어처럼 온몸이 비늘로 덮여 있고, 주위의 온도에 따라 체온이 변하며 알을 낳는 동물

판단 136
논리나 기준 등에 따라 판별하여 결정을 내림

판매 90
상품 등을 팖

포장재 34
공업 제품이나 농산물 등을 포장하는 데 쓰는 재료

폭우 108
갑자기 세차게 쏟아지는 비

품절 80
물건이 다 팔리고 없음

피란민 98
난리를 피하여 가는 사람

ㅎ

학대 118
몹시 괴롭히거나 모질게 대우함

한류 106
우리나라의 문화가 외국에서 유행하는 현상

항의 42
못마땅한 생각이나 반대의 뜻을 주장함

해독 50
몸 안에 들어간 독이 있는 물질의 작용을 없앰

핵심 46
사물의 가장 중심이 되는 부분

행복 146
생활에서 충분한 만족과 기쁨을 느끼어 흐뭇함 또는 그러한 상태

행복도 36
행복감을 느끼는 정도

현수막 54
선전문·구호문 따위를 적어 걸어 놓은 막

현실 146
현재 실제로 존재하는 사실이나 상태

협력 130
힘을 합하여 서로 도움

화산 58
땅속에 있는 가스, 용암 등이 땅의 터진 틈으로 내뿜어지는 산

환호 140
기뻐서 큰 소리로 부르짖음

활자 42
네모기둥 모양의 금속 윗면에 문자나 기호를 볼록 튀어 나오게 새긴 것

회복 50
원래의 상태로 돌이키거나 원래의 상태를 되찾음

훼손 134
무너뜨리거나 깨뜨려 못 쓰게 만듦

흡수 112
빨아서 거두어들임

희생 36
다른 사람이나 어떤 목적을 위해 자신의 목숨, 재산, 이익 등을 바치거나 버림

정답 및 해설

1장 과학·기술·환경 이슈

공익 광고 대상작, 알고 보니 인공 지능이 만들었다! 15쪽

1 지능 **2** ② **3** 대상, 작품

1 기사에서 중요한 단어는 반복해서 쓰이곤 해요.
2 '인공'이 포함된 단어를 살펴보면 모두 사람의 힘으로 만든 것이라는 사실을 알 수 있어요.
3 이 기사는 '2023 대한민국 공익 광고제'에서 대상을 받은 작품에 대한 글이에요.

갓 태어난 새끼 백상아리, 세계 최초 발견 17쪽

1 ① **2** ② **3** ①

1 세 번째 문단을 살펴보면 배가 흰색이기 때문에 이름이 백상아리인 것을 알 수 있어요.
2 청바지, 청팀, 청자는 모두 파란색이에요. 이 단어들에서 '청'이 파란색을 의미한다는 것을 알 수 있어요.
3 이 기사는 맨 처음 발견된 새끼 백상아리에 대한 글이에요.

"배변 봉투 챙겨라!", 에베레스트산에 무슨 일이? 19쪽

1 오염 / 배설물 / 쓰레기 / 배변 **2** ②

2 글쓴이는 산을 오르는 사람들의 배설물과 쓰레기 때문에 에베레스트산이 오염되고 있다고 지적하고 있어요.

째깍째깍, 지구 종말 90초 전! 21쪽

1 (X 연결선) **2** 지구 종말 시계

2 ㉠, ㉡, ㉣ 문단의 중심 문장에서 '지구 종말 시계'가 공통으로 나와요.

달나라로 떠나는 우주여행 시대가 열린다 23쪽

1 과거에 일어난 일 / 미래에 일어날 일 / 과거에 일어난 일
2 ②

1 8명의 승객을 태우고 달 궤도를 도는 여행은 현재 기획 중이며, 미래에 일어날 일이에요.
2 오디세우스호는 전력 문제로 한 달 만에 달 탐사를 종료했어요.

새콤달콤 개미, 닭고기 맛 뱀고기가 미래 식량이라고? 25쪽

1 ③ **2** 사료 / 메탄가스 / 단백질 **3** ③

1 돼지와 소는 지금 사람들이 먹고 있는 식량이에요.
2 식용 곤충은 소고기에 비해 사료가 적게 들고 환경을 덜 파괴하면서도 좋은 영양소를 얻을 수 있어요.
3 가축이 배출하는 배설물과 메탄가스로 인해 환경 오염 문제가 심각해졌어요.

인공 지능에 빼앗긴 목소리, 어떻게 하나요? 27쪽

1 ③ **2** ①

1 이 기사는 허락 없이 연예인의 목소리를 이용해 만든 인공 지능 노래에 대한 글이에요.
2 글쓴이는 이 기사를 통해 인공 지능에 의해 목소리를 빼앗긴 연예인의 권리를 보호할 수 있는 규정이 마련되어야 한다고 이야기하고 있어요.

더워지는 지구, 사라지는 꿀벌들 29쪽

1 ④ **2** ㉢, ㉠, ㉡

1 이 기사는 지구가 더워져서 죽어 가는 꿀벌들에 대한 글이에요.
2 지구 온난화로 꽃이 피는 기간이 길어지면, 꿀벌들이 쉬지 못하고 꽃을 찾아 날아다니다가 과로로 죽게 돼요.

공룡이 원숭이만큼 똑똑했다고? 사실은 악어와 비슷 31쪽

1 ④ **2** ③

1 악어 같은 파충류 정도의 지능을 가진 공룡은 사냥도 악어처럼 했을 가능성이 높아요.
2 2023년에 공룡이 원숭이와 비슷한 지능을 가졌을 가능성이 있다는 연구 결과가 발표되었어요. 그러나 2024년에는 공룡의 지능이 그리 높지 않았을 거라는 새로운 연구 결과가 발표되었어요. 이때 연구팀은 뇌의 크기와 뇌신경 세포 수로만 판단했던 기존의 연구가 잘못됐다고 지적했어요. 이를 보면 2023년 연구는 뇌의 크기와 뇌신경 세포 수로 공룡의 지능을 예측했다고 추론할 수 있어요.

'빵! 빵!' 교통 소음이 새에게 미치는 영향은? 33쪽

1 단 / 단 / 단 / 추 **2** ③

1 세 가지 단서를 통해 교통 소음이 새의 부화, 성장, 번식에 나쁜 영향을 미친다는 사실을 추론할 수 있었어요.
2 물이 없는 곳에서는 싹이 트지 않고, 물이 있는 곳에서는 싹이 텄어요. 이를 통해 싹이 트기 위해서는 물이 필요하다는 사실을 추론할 수 있어요.

세계는 플라스틱 포장과 전쟁 중! 플라스틱 대신 이런 건? 35쪽

1 해설 참고
2 ㉠ 종이로 만든 포장재를 사용해요. 일회용 플라스틱 수저를 사용하지 않아요.

1 기사를 읽고 이미 알고 있던 내용과 새로 알게 된 내용을 구분해 보세요.

지구 행복 지수 76위 한국, 문제는 탄소 배출량! 37쪽

1 ㉠ 친구 / 내가 힘들거나 슬플 때 친구가 위로해 주었어요.
2 ㉠ 게임하는 시간 / 친구와 다투는 시간

2 곱하는 곳에는 행복하게 하는 것, 나누는 곳에는 행복하지 않게 하는 것을 써요.

38쪽

인공 지능, 지구 온난화, 종말, 멸종, 친환경

명통 쉬는 시간 40쪽

2장 사회·정치 이슈

백과사전이 틀리면 어쩌나요? 43쪽

1 ⓒ / ⓑ / ⓐ **2** 다르다 / 틀린
3 목소리

2 문장의 의미를 파악하여 '틀리다'와 '다르다'를 바르게 사용해요.
3 목소리에는 '목구멍에서 나는 소리'와 '의견이나 주장을 비유적으로 이르는 말'이라는 두 가지 의미가 있어요.

미국은 대통령을 이렇게 뽑아요! 45쪽

1 대통령 **2**

1 한 나라를 대표하는 사람을 대통령이라고 해요. 이 단어는 제목에서도 사용되고 있어요.
2 기사에서 각 단어가 어떻게 사용되었는지 살펴보면 그 뜻을 알 수 있어요.

유튜브 사용 시간 세계 1위 한국, 월평균 40시간이나? 47쪽

1 유튜브, 사용 시간, 세계 1위
2 ④ **3** 세계 1위

1 기사에서 자주 사용된 단어를 찾아보세요.
2 글쓴이는 유튜브가 일으키는 문제에 대해 이야기하고 있어요.
3 기사의 마지막에 중심 문장이 쓰여 있어요.

입학식 못한 초등학교 전국 157곳, "신입생이 없어요." 49쪽

1 34, 27, 25, 5, 3, 1 / 157 **2** ③

1 ⓒ 문단에 적힌 수가 무엇을 의미하는지 살펴보세요.
2 ⓒ 문단에서 초등학생 신입생 수가 줄어드는 원인이 낮은 출생률 때문이라는 것을 알 수 있어요.

스마트폰은 잠시 안녕~ 우리 '디지털 디톡스' 해요 51쪽

1 ④ **2** ⓐ

1 디지털 디톡스란 디지털 기기 사용을 멈추고 다른 활동을 통해 몸과 마음을 회복하는 것을 뜻해요.
2 우리나라 사람 중 23% 이상이, 초등학생은 3명 중 1명이 스마트폰 의존 위험 상태에 있어요.

한국은 '국회 의원', 미국은 '소방관'이 가장 존경받는 직업 53쪽

1 ①, ③, ⑤
2 (위에서부터) 3.83점, 인공 지능 전문가, 3.58점
3 ④

1 미국과 독일에서는 '소방관'이 가장 존경받는 직업이에요.
2 한국에서 존경받는 직업은 국회 의원, 약사, 인공 지능 전문가, 소프트웨어 개발자 순이에요.
3 한국 사람들은 국회 의원이나 약사처럼 권력이나 높은 수입을 얻을 수 있는 직업을 선호하는 것으로 나타났어요.

어린이 공원에서 공놀이를 하지 말라고요? 55쪽

1 소음, 안전 2 어린이

1 어린이 공원에서의 공놀이로 근처 주택 주민에게 소음 피해가 발생하고, 지나가는 사람이 공에 맞을 수 있다고 이야기하고 있어요.
2 어린이 공원이므로 아이들의 소리를 어른들이 이해하고 배려해 주어야 한다고 이야기하고 있어요.

'노키즈존'이 불러온 '노○○존' 세상 57쪽

1 늘어나게 / 차별 2 ①

1 기사에서는 노키즈존이 늘어나는 현상을 막지 못해 새로운 노○○존이 만들어지고, 이로 인해 또 다른 차별이 발생하고 있다고 이야기하고 있어요.
2 글쓴이는 기사에서 '차별'이라는 단어를 자주 사용하고 있어요. 이를 통해 노○○존으로 인한 차별을 걱정하는 기사라는 것을 알 수 있어요.

'백두산', 유네스코 세계 지질 공원으로 선정, "어? 이름이 다르네?" 59쪽

1 ① 2 ④

1 옛날부터 우리 민족의 땅이었던 백두산을 중국의 것으로 세계에서 인정받기 위해, 중국은 유네스코에 세계 지질 공원으로 인정해 달라고 신청한 거예요.
2 백두산이 창바이산이라는 이름으로 유네스코 세계 지질 공원으로 선정되어, 우리의 역사까지 중국에 빼앗길 수 있는 심각한 상황이에요.

너무 일찍 세상을 떠난 동물원 호랑이가 말해 주는 것은… 61쪽

1 ② 2 ③

1 동물원의 호랑이들은 좁고 불편한 공간에 갇혀 스트레스를 받으며 살아가기 때문에 수명이 짧아요.
2 글쓴이는 이 글을 통해 동물들이 오래 살 수 있도록 동물원의 환경을 더 좋게 만들고 세심하게 관리해야 한다고 이야기하고 있어요.

'학교 폭력 기록' 졸업해도 4년간 남는다 63쪽

1 ⑩ 자신이 한 행동에 대해서는 반드시 책임을 져야 한다고 생각해요. 따라서 학교 폭력 기록을 4년간 보존해야 해요.
2 ⑩ 학교 폭력 예방 교육을 해요. / ⑩ 봉사 활동을 시켜서 자신이 한 잘못을 깨닫게 해요.

1 학교 폭력 기록을 4년간 보존하는 일에 대해 내 생각을 써 보세요.

| 주운 신용 카드로 사탕 산 여고생들이 감사장을 받은 까닭은? | 65쪽 |

1 ㉮ 주운 신용 카드를 경찰서에 가져다 줘요.
2 ㉮ 아무리 좋은 의도를 가졌더라도 거짓말이나 남을 다치게 하는 행동은 벌을 받아야 해요. 그 이유는 모두가 믿고 따라야 하는 사회의 규칙을 지키기 위해서예요.

1 길에서 신용 카드를 주웠을 때 어떻게 할지 생각해 보세요.

66쪽
선거, 출생률, 정책, 권리, 차별

68쪽
4번 후보

| 내 강아지에게는 최고를! 반려동물 시장 급성장 | 71쪽 |

1 ④ 2 ①

1 반려란 짝이 되어 함께하는 것을 의미해요.
2 '애완'과 '반려'의 뜻이 어떻게 다른지 생각해 보세요.

| 너도나도 일본 여행, "엔화가 쌉니다, 싸요!" | 73쪽 |

1 무려 2 여행-관광, 물건값-물가

1 기사의 내용 중 "2023년에 일본을 방문한 한국인이 무려 700만 명에 달했거든요."라는 문장은 2023년에 일본을 방문한 한국인이 예상보다 상당히 많았다는 것을 의미해요.

| 엎치락뒤치락 세계 경제, 일본 GDP 세계 4위로 밀려나 | 75쪽 |

1 ③ 2 국내 총생산 / 미국, 중국, 독일

1 ㉠ 문단에서는 GDP 세계 3위였던 일본이 13년 만에 4위로 밀려난 것을 이야기하고 있어요.
2 ㉡ 문단에서는 GDP란 무엇인지 설명하고 있으며, ㉢ 문단에서는 지금까지 일본의 GDP 순위가 어떻게 변화했는지 이야기하고 있어요.

| 과일 안 사는 한국… 비싸서 못 먹는다 | 77쪽 |

1 ③ 2 소비량, 비싸

1 ㉠ 문단에서는 비싸진 과일값으로 인해 과일 소비량이 크게 줄었다는 사실을 이야기하고 있어요.
2 뒷받침 문장들을 살펴보면 과일 소비량이 줄어든 이유가 비싸진 과일값 때문이라는 것을 알 수 있어요.

3만 원권 세뱃돈? 글쎄, 아직은… 79쪽

1 비용, 현금

2 ㉠ /
㉑ 2009년에 처음 5만 원권이 만들어졌을 때 현금자동입출금기 교체 비용만 약 4,000억 원이 들었다.

1 2~4문단의 첫 번째 문장에서 3만 원권을 만들지 않는 이유를 확인할 수 있어요.

2 4,000억 원은 현금자동입출금기를 교체하는 데 든 비용이에요. 기사에서는 돈을 찍어 내는 데 든 비용은 확인할 수 없어요.

'책가방만 한 컵라면, 얼굴만 한 크림빵' 클수록 잘 팔린다! 81쪽

1 [연결선]   **2** 10 / 건강

1 두 번째 문단에서 점보 크림빵은 원래보다 6.6배, 세 번째 문단에서 점보 컵라면은 원래보다 8.5배, 점보 삼각김밥은 원래보다 4배 크다는 사실을 확인할 수 있어요.

2 점보 제품은 재미있고 같은 양을 낱개로 여러 개 사는 것보다 싸지만, 음식이 낭비되고 환경과 건강에 나쁜 영향을 미쳐요.

치솟는 금값, 왜 이렇게 비싸졌나? 83쪽

1 전쟁 / 낮추어, 싸질 / 사들였다   **2** ④

1 전쟁으로 불안해진 세계 경제와 미국이 은행 이자를 낮추어 달러값이 싸질 거라는 예상 때문에 안전한 금을 사들이는 사람들이 늘어나고 있어요.

2 마지막 문단을 살펴보면 금값은 세계 경제 상황에 따라 달라진다고 이야기하고 있어요.

2023년 우리나라 살림 결과는? 87조 적자! 85쪽

1 ③   **2** ③

1 적자는 손해를 봤다는 뜻이에요. 2023년 우리나라 정부는 적자 수준을 58조 원으로 관리하겠다고 계획했지만, 29조 원 더 손해가 나서 총 87조 원의 손해를 봤어요.

2 정부에서 세금을 깎아 주는 정책을 펼쳐 세금 수입이 줄어들면서 2023년에 큰 적자가 났어요. 그래서 국민에게 나라 살림을 잘못하고 있다고 비판받았어요.

나랏빚 많다는데, 돈을 많이 찍어 갚으면 어떨까요? 87쪽

1 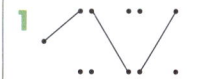   **2** ②

1 돈을 많이 찍어 내면 사람들이 물건을 많이 사서 돈의 가치가 낮아져요. 그래서 똑같은 물건을 사더라도 이전보다 더 많은 돈을 내야 해요.

2 우리나라의 빚을 국민 수로 나누면 1인당 약 2,179만 원이 돼요. 반대로 우리나라의 빚을 한 사람의 빚으로 나누면 국민의 수를 알 수 있어요.

김값이 '금값', 왜 이렇게 올랐나요? 89쪽

1 내린다 / 오른다   **2** ③

1 사려는 사람은 많은데 물건의 양이 적을 때 물건의 가격은 올라요. 반대로 사려는 사람은 적은데 물건의 양이 많으면 물건의 가격은 내려요.

2 10월에는 김을 새로 수확한다고 해요. 김의 생산량이 늘어나면 김값이 오르는 것을 막을 수 있어요.

판매 종료라더니, 노이즈 마케팅이 뭐길래?   91쪽

1 ㉠, ㉢ / ㉡, ㉣
2 예 노이즈 마케팅은 적절히 사용하는 것이 좋아요. 왜냐하면 노이즈 마케팅도 회사의 상품을 알리는 한 방법이기 때문이에요.

2 노이즈 마케팅에는 긍정적인 면과 부정적인 면이 있어요. 이에 대해 내 생각을 써 보세요.

왜 가게 치킨값이 마트보다 두 배 넘게 비쌀까?   93쪽

1 해설 참고
2 예 저는 평등이 더 중요하다고 생각해요. 그 이유는 모두가 차별 없이 똑같이 대우받으며 살 수 있기 때문이에요.

1 치킨을 싸게 파는 일을 대형 마트, 치킨 가게, 소비자 입장에서 생각해 보세요.
2 자유와 평등을 경험한 기억을 떠올려 보세요.

   94쪽

물가, 소비, 생산, 품절, 이자

96쪽

4장 세계 이슈

우크라이나 전쟁 3년째, 평화는 과연 언제쯤?   99쪽

1    **2** ④   **3** 러시아, 우크라이나

1 '전쟁-싸움-갈등', '평화-평온-안전'과 같이 뜻이 비슷한 단어를 알면 단어의 의미를 더 쉽게 이해할 수 있어요.
2 거짓이란 사실과 어긋난 것을 의미하고, 진실이란 거짓이 없는 사실을 의미해요.
3 이 기사는 러시아와 우크라이나의 전쟁에 대한 글이에요.

| 수에즈 운하가 막혔다! 먼 길로 돌아서 가는 세계의 배들 | **101쪽** |

1 ①
2 유럽, 희망봉, 이스라엘, 예멘, 카타르

1 배가 다닐 수 있는 길이므로 빈 곳에 들어갈 말은 물이에요.

| 위기의 라파, 갈 곳 없는 팔레스타인 난민 | **103쪽** |

1 난민 **2** ㉢

1 난민이란 전쟁, 폭력, 가난, 자연재해 같은 재난을 피해 살던 곳을 떠나 도망치거나 쫓겨난 사람을 말해요.
2 ㉢ 문단을 살펴보면 이집트는 난민들이 들어오지 못하게 7m 높이의 콘크리트 벽을 쌓고 있다고 해요.

| 세계에서 가장 ○○한 나라는? | **105쪽** |

1

2 인도 / 미국, 아일랜드 / 핀란드

1 각 문단의 제목을 살펴보면 알려 주는 내용을 알 수 있어요.
2 ㉢ 문단에서는 세계에서 가장 부자인 나라의 순위가 GDP 또는 구매력에 따라 달라진다고 해요.

| 중국 온라인 쇼핑몰, '엉터리 태극기' 팔다가 걸려 | **107쪽** |

1 ㉡ **2** ④

1 태극기는 흰 바탕에 파랑이 아래, 빨강이 위인 태극 문양이 있어요. 꼭짓점의 위치에 따라 왼쪽 위에는 '건(☰)', 오른쪽 아래에는 '곤(☷)', 오른쪽 위에는 '감(☵)', 왼쪽 아래에는 '리(☲)'가 그려져 있어요.
2 엉터리 태극기의 가격은 기사에서 언급되지 않아요.

| "2년 동안 내릴 비가 하루에 쏟아졌어요." 두바이 폭우의 원인은? | **109쪽** |

1 ③ **2** ④

1 두바이는 일 년에 비가 9cm도 내리지 않는 사막 도시예요. 그래서 두바이에서는 수십 년간 인공 강우 실험을 계속해 왔어요.
2 두바이 폭우의 원인은 아직 명확히 밝혀지지 않았어요.

| 미국 플로리다 어린이들, 2025년부터 SNS 못 하게 되나? | **111쪽** |

1 ④ **2** 건강, 자유

1 13세까지는 SNS에 가입할 수 없고, 14~15세는 부모의 허락이 있어야만 가입할 수 있어요.
2 SNS 사용은 어린이의 정신 건강에 나쁜 영향을 줄 수 있기 때문에 '미성년자 온라인 보호법'이 만들어졌어요. 하지만 이것이 어린이의 권리와 자유를 침해한다고 반대하는 의견도 있어요.

| 필립섬 펭귄은 왜 스웨터를 입고 있지? | **113쪽** |

1 기름, 체온 **2** 기름, 유출

1 펭귄이 입은 스웨터는 몸에 묻은 나쁜 기름을 흡수하고, 펭귄의 체온을 보호해 주는 역할을 해요.
2 마지막 문단을 살펴보면 펭귄과 바다를 보호하기 위한 가장 좋은 방법은 기름 유출 사고 자체를 막는 것이라고 이야기하고 있어요.

미국에 1,000조 마리 매미 떼 덮친다! '제트기급 소음 예상' 115쪽

1 ③ **2** ④

1 매미는 농작물에 피해를 주지 않기 때문에 많은 매미가 나타나도 옥수수밭에는 피해가 없을 거예요.

2 두 부류의 매미는 221년마다 함께 나타나요. 따라서 2024년 이후, 두 부류의 매미가 다시 함께 나타나는 해는 2245년이에요.

중국 초등학교 "밤 9시 반 이후에는 숙제하지 마세요." 117쪽

1 ① **2** ②

1 새로운 규정은 밤늦게까지 숙제하는 학생들을 보호하기 위해 만들어졌어요. 따라서 밤늦게까지 잠을 자지 못하는 아이들이 많았다고 추론할 수 있어요.

2 '요즘 초등학생들도 어른 못지않게 바빠요.', '이런 생활로 초등학생들의 잠자는 시간이 부족하다는 조사 결과들이 많아요.', '피곤한 우리나라 초등학생들에게도 이런 조치가 도움이 될 수 있을 것 같아요.' 등의 표현에서 밤늦게까지 공부하는 우리나라 초등학생들에 대한 안타까운 마음이 드러나요.

멕시코의 전통문화 투우, 계속될까? 119쪽

1

2 ⑩ 투우를 멈춰야 해요. 왜냐하면 소도 하나의 소중한 생명으로서 존중받아야 하기 때문이에요.

1 투우를 계속해도 된다는 쪽은 전통문화, 자신들의 권리와 자유, 그리고 돈을 벌 수 있다는 것을 이유로 들고 있고, 투우를 멈춰야 한다는 쪽은 동물 학대와 건강한 환경에서 살 주민들의 권리를 이유로 들고 있어요.

멕시코, 첫 여성 대통령 나왔다! 121쪽

1 ⑩ 엄마와 함께 카페에 갔을 때 노키즈존이라서 들어가지 못했어요. / 어린이라는 이유로 카페에 들어가지 못하게 하는 것은 불공평하다고 생각해요.

2 ⑩ 학기마다 남학생과 여학생이 번갈아가며 1번이 되도록 번호를 정해요. / 남학생과 여학생 모두 각자의 힘에 알맞은 물건을 나르도록 해요.

1 차별이란 둘 이상의 대상을 등급이나 수준 등의 차이를 두어서 구별하는 것을 의미해요. 차별받은 경험을 떠올려 보세요.

옥 쌤의 쏙쏙 어휘 122쪽

전쟁, 위협, 난민, 구호물자, 평화

뗑똥 쉬는 시간　124쪽

5장 문화·예술 이슈

선 넘은 악플은 이제 그만! 우리 선수에게 격려와 응원을　127쪽

1 악플　2 선　3 ④

1 기사에서 중요한 단어는 반복해서 쓰이곤 해요.
2 '선'이라는 단어는 금이나 줄이라는 의미 외에도, 다른 것과 구별되는 일정한 한계를 의미하기도 해요.
3 기사 내용을 통해 악플의 뜻에 가장 알맞은 것을 찾아보세요.

나와라, 뱅크시! '얼굴 없는 예술가' 정체 밝혀지나?　129쪽

1 예술가　2 ③
3 정체불명인, 베일에 싸인

2 두 번째 문단의 "그런데 얼굴 없는 예술가인 뱅크시의 정체가 곧 밝혀질 수도 있다고 해요."라는 문장에서 뱅크시의 정체를 아는 사람이 없다는 것을 알 수 있어요.
3 '정체불명'은 정체가 분명하지 않은 것을 의미하고, '베일'은 비밀스럽게 가려져 있는 상태를 뜻해요.

한국 문화의 세계 정복, 이제는 '한국 문학'이다!　131쪽

1 ㄹ, ㄱ, ㄴ, ㄷ, ㅁ　2 ②

2 마지막 문단의 "한국인만의 경험과 상상력을 담은 한국 문학이 세계를 정복할 날도 멀지 않아 보여요."라는 문장에서 글쓴이가 한국 문학에 대해 크게 기대하고 있다는 것을 알 수 있어요.

모아이를 돌려주세요!　133쪽

1 ①/②/①/①

1 ㉠ 문단에서 영국 박물관은 "모아이를 돌려달라."라는 댓글이 끊이지 않았기 때문에 SNS 댓글 창을 닫았다고 해요.
㉡ 문단에서 칠레가 영국 박물관에 모아이를 돌려달라고 요구했지만, 박물관은 이를 들어주지 않았다고 해요.
㉢ 문단에서 영국 박물관은 문제가 된 모아이 석상 외에도 여러 나라에서 유물을 돌려달라는 요청을 받았지만, 이를 거부했다고 해요.
㉣ 문단에서 앞으로 영국 박물관이 어떻게 대처할지 궁금해하고 있어요.

경복궁에 낙서하고 예술이라니! 135쪽
1 서준, 하솔 **2** 사실 / 사실 / 의견

1 낙서를 한 범인을 모두 잡았어요. 첫 번째 낙서는 10대 청소년들이, 두 번째 낙서는 20대 남성이 했어요.
2 "진정한 예술이란 무엇인가에 대해서도 함께 생각해 보아야 해요."라는 말은 글쓴이가 독자들에게 전하고 싶은 의견이에요.

한국 프로 야구, 베이스 커지고 로봇 심판 등장했다 137쪽
1 ① **2** ㉠

1 베이스는 원래 한 변이 15인치였는데, 18인치로 커졌어요.
2 경기에서 로봇 심판의 판단이 99% 정확하다는 것은 나머지 1%는 정확하지 않다는 뜻이에요.

키우는 돌멩이, '반려돌'을 아시나요? 139쪽
1 ② **2** ③

1 글쓴이는 사람들에게 인기를 끌고 있는 반려돌을 소개하기 위해 이 기사를 썼어요.
2 사람들에게 인기를 끌고 있는 반려돌을 소개하기 위해 이 기사를 썼기 때문에 사람들의 관심을 끌 수 있는 제목을 사용하는 것이 좋아요.

아무 연주도 하지 않는 연주, 「4분 33초」 141쪽
1 러시아의 피아니스트가 / 4. 1 / 서울의 한 공연장에서 / 「4분 33초」라는 곡을 / 아무 연주도 하지 않고 가만히 앉아 있었다. / 가만히 있는 것이 제대로 연주하는 것이기 때문에
2 ③

1 이 기사는 러시아의 피아니스트가 4월 1일 서울의 한 공연장에서 「4분 33초」라는 곡을 연주하기 위해 가만히 앉아 있었던 일에 대해 작성되었어요.
2 「4분 33초」라는 곡은 연주자가 아무 연주를 하지 않는 동안 공연장의 소음이나 관객이 내는 소리로 완성되는 곡이에요.

책 안 읽는 한국인, 유튜브로 보면 된다고? 143쪽
1 ② **2** ②

1 글쓴이는 이 기사를 통해 영상에 익숙해지기보다는 독서해야 한다고 이야기하고 있어요.
2 두 번째 문단에서 사람들이 유튜브를 보느라 책 읽는 것을 싫어한다고 해요.

어버이날에 왜 카네이션을 선물하게 되었을까? 145쪽
1 ① **2** ③

1 애나가 어머니를 추모하며 생겨난 날이 어머니의 날이에요. 우리나라는 1955년에 5월 8일을 어머니의 날로 정했어요.
2 미국의 어머니의 날은 매년 5월 두 번째 일요일이에요. 그래서 매년 날짜가 바뀌어요. 하지만 우리나라의 어버이날은 매년 5월 8일로, 날짜가 바뀌지 않아요.

어린이날이 행복하지 않은 한국인, 도대체 왜? 147쪽

1 ㉮ 어린이날에 가족들과 함께 놀이공원에 가는 것이 정말 행복해요. 놀이공원에서 맛있는 것도 먹고, 재미있는 놀이기구를 탈 수 있기 때문이에요.

2 ㉮ 가족과 함께 집 근처 공원이나 자연 휴양림으로 소풍을 가요. 간단한 도시락을 준비해 가서 자연 속에서 뛰어놀며 시간을 보내면 비용도 적게 들고, 아이들도 신나게 놀 수 있어요.

1 사람마다 행복을 느끼는 이유는 달라요. 나를 행복하게 하는 것이 무엇인지 떠올려 보세요.

경복궁에서 엉터리 한복은 이제 그만! 149쪽

1 ㉮ 한옥은 나무와 돌로 지은 한국의 전통 집이에요. 자연과 잘 어우러진 아름다운 건축물이지요.

2 ㉮ 여러 문화를 섞어 새로운 것을 만들 수 있어요. /
㉮ 퓨전 문화 때문에 전통이 사라질 수 있어요.

2 '퓨전'이 포함된 단어에는 퓨전 한복, 퓨진 국악, 퓨전 한식 외에도 퓨전 사극, 퓨전 스포츠 등이 있어요. 이러한 퓨전 문화에 대해 어떻게 생각하는지 의견을 써 보세요.

옥 쌤의 쏙쏙 어휘 150쪽

유물, 유적, 훼손, 비판, 보존

쉬는 시간 152쪽

번개, 구멍, 인간, 나무

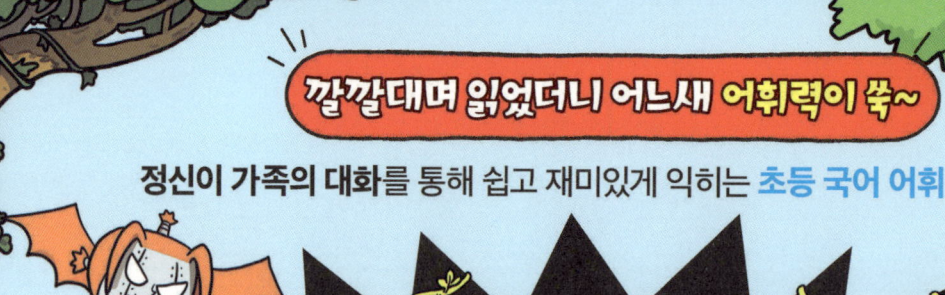

깔깔대며 읽었더니 어느새 어휘력이 쑥~

정신이 가족의 대화를 통해 쉽고 재미있게 익히는 **초등 국어 어휘** 학습 만화!

놓지 마 어휘
한자어 편

신태훈·나승훈 | 감수 정상은 | 각 권 184쪽 | 15,000원

◆ 교과서에 나오는 **필수 어휘 1,000 단어** 수록! ◆
◆ **국어 전문가**의 꼼꼼한 내용 감수! ◆
◆ **재미있는 퀴즈와 예문**을 통해 새로 배운 어휘 바로 확인! ◆

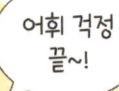
어휘 걱정 끝~!

한자어의 원리를
깨우쳐 주는
워크북(80쪽)도 드려요!

*〈놓지 마 어휘〉는 계속 출간됩니다!

《놓지 마 어휘》 본문 미리 보기

묘하게 호감이 가!

好
좋을 호

호감好感 좋게 생각하는 감정.
호기심好奇心 새롭고 신기한 것을 좋아하거나 모르는 것을 알고 싶어 하는 마음.
호평好評 좋게 평가하는 것. 또는 그런 평가.

● **사진 출처:** 셔터스톡, 한국방송광고진흥공사(14쪽)

공부 잘하는 아이의 똑똑한 신문 읽기

1판 1쇄 인쇄 | 2024. 8. 16.
1판 1쇄 발행 | 2024. 8. 29.

글 옥효진 | **기사 글** 신가영 | **그림** 그림숲

발행처 김영사 | **발행인** 박강휘
편집 문준필 이홍석 서유진 | **디자인** 스튜디오 헤이,덕 | **마케팅** 곽희은 | **홍보** 조은우
등록번호 제 406-2003-036호 | **등록일자** 1979. 5. 17.
주소 경기도 파주시 문발로 197(우10881)
전화 마케팅부 031-955-3100 | 편집부 031-955-3221 | 팩스 031-955-3111

값은 표지에 있습니다.
ISBN 978-89-349-1083-1 73710

좋은 독자가 좋은 책을 만듭니다. 김영사는 독자 여러분의 의견에 항상 귀 기울이고 있습니다.
전자우편 book@gimmyoung.com | **홈페이지** www.gimmyoung.com

1

과학 기술 환경 본책 14쪽

공익 광고 대상작, 알고 보니 인공 지능이 만들었다!

💡 **기사 깊이 알기**

1 기사를 읽고 설명이 맞으면 ○표, 틀리면 ×표 하세요.

- '2023 대한민국 공익 광고제'에서 대상을 받은 공익 광고 작품이 뒤늦게 논란이 되었다. (   )
- 「멸종 위기 1급, 대한민국」은 한국인이 멸종할지도 모른다는 생각을 잘 표현했다는 평가를 받았다. (   )
- 「멸종 위기 1급, 대한민국」은 사람이 만든 작품이다. (   )

2 기사의 내용을 한 문장으로 정리한 것입니다. □ 안에 알맞은 말을 써 보세요.

☐☐ ☐☐ 을 사용해 만든 작품을 어디까지 인정해야 할지 논란이 되고 있다.

3 여러분이 심사 위원이라면 인공 지능으로 만든 작품에 상을 줄 건가요? 주지 않을 건가요? 그 이유도 함께 써 보세요.

_____

_____

오늘의 어휘

다음 단어의 알맞은 뜻을 찾아 선으로 이어 보세요.

공익 •   • 생물의 한 종류가 아주 없어짐

수상 •   • 사회 전체의 이익

논란 •   • 여럿이 서로 다른 주장을 내며 다툼

멸종 •   • 상을 받음

2

갓 태어난 새끼 백상아리, 세계 최초 발견

🔍 기사 깊이 알기

1 기사를 읽고 설명이 맞으면 ○표, 틀리면 ×표 하세요.

- 세상에서 가장 나이 많은 백상아리가 미국에서 최초로 발견되었다. (   )
- 새끼 백상아리는 야생 동물 구조대에게 발견되었다. (   )
- 이제까지 백상아리가 어디에서 새끼를 낳는지, 갓 태어난 새끼는 어떤 모습인지 알려지지 않았기 때문에 이 소식은 과학계의 주목을 받았다. (   )

2 기사의 내용을 한 문장으로 정리한 것입니다. □ 안에 알맞은 말을 써 보세요.

갓 태어난 새끼 □□□□가 미국에서 최초로 발견되었다.

3 여러분이 백상아리를 연구하는 연구원이라면 새끼 백상아리의 어떤 점을 연구하고 싶나요? 그 이유도 함께 써 보세요.

_____

_____

_____

💬 오늘의 어휘

다음 단어의 알맞은 뜻을 찾아 선으로 이어 보세요.

생태 ·	· 물건의 표면을 덮고 있는 얇은 물질
막 ·	· 육지와 닿아 있는 바다·강·호수 등의 물가
연안 ·	· 아직 알려지지 않은 사물이나 현상, 사실 등을 찾아냄
발견 ·	· 생물이 살아가는 모양이나 상태

3

"배변 봉투 챙겨라!", 에베레스트산에 무슨 일이?

💡 기사 깊이 알기

1 기사를 읽고 설명이 맞으면 ○표, 틀리면 ×표 하세요.

- 에베레스트산은 8,848m의 높이로 세계에서 가장 높은 산이다. (   )
- 에베레스트산에 버려지는 사람들의 배설물은 환경과 식수를 오염시켜 등산하는 사람들과 산 아랫마을 사람들의 건강에 문제를 일으킨다. (   )
- 네팔 정부는 쓰레기를 되가져오면 보증금을 돌려주는 제도를 시행하여 큰 효과를 보았다. (   )

2 기사의 내용을 한 문장으로 정리한 것입니다. □ 안에 알맞은 말을 써 보세요.

에베레스트산의 □□을 막기 위해 네팔 정부는 2024년 3월부터 산을 오르려는 사람들에게 배변 봉투를 챙기도록 하는 규칙을 만들었다.

3 에베레스트산의 오염을 막기 위해 어떤 정책을 만들 수 있을까요? 여러분이 생각한 정책과 예상되는 효과를 함께 써 보세요.

_____
_____
_____

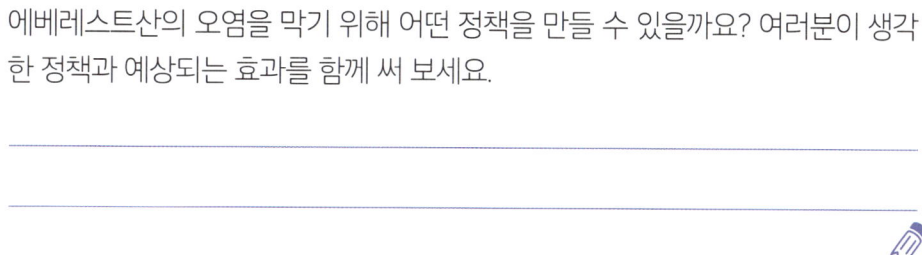

오늘의 어휘 다음 단어의 알맞은 뜻을 찾아 선으로 이어 보세요.

- 식수 •   • 어떤 약속을 지키겠다는 뜻으로 미리 주는 돈
- 입산료 •   • 대변을 몸 밖으로 내보냄
- 배변 •   • 산에 들어갈 때 내는 돈
- 보증금 •   • 먹을 용도의 물

4

째깍째깍, 지구 종말 90초 전!

과학 기술 환경 본책 20쪽

💡 기사 깊이 알기

1 기사를 읽고 설명이 맞으면 ○표, 틀리면 ×표 하세요.

- 핵과학자회는 1947년부터 매년 지구 종말 시계를 만들어 세계가 얼마나 환경 오염이 심각한지 알리고 있다. (　　)
- 2024년에도 지구 종말 시계가 자정 90초 전인 까닭은 전쟁, 심각한 기후 변화, 인공 지능 기술 발전의 위협 때문이다. (　　)
- 지구 종말 시계는 항상 종말인 자정을 향해서만 간다. (　　)

2 글쓴이가 이 기사를 쓴 이유는 무엇인가요?

① 지구 종말 시계의 사용 방법을 알려 주려고
② 지구 종말 시계가 필요한 이유를 설명하려고
③ 지구 종말 시계를 팔려고
④ 지구 종말 시계를 뒤로 돌리기 위해 우리 모두 노력해야 하는 것을 알리려고

3 지구 종말 시계를 뒤로 돌리기 위해 여러분이 할 수 있는 일을 한 가지 써 보세요.

_____
_____
_____

오늘의 어휘

다음 단어의 알맞은 뜻을 찾아 선으로 이어 보세요.

종말 •　　　　• 계속된 일이나 상태의 맨 끝

자정 •　　　　• 일정한 지역에서 여러 해에 걸쳐 나타난 기온, 비, 눈, 바람 따위의 평균 상태

기후 •　　　　• 밤 열두 시

불안정 •　　　　• 안정성이 없거나 안정되지 못한 상태임

달나라로 떠나는 우주여행 시대가 열린다

기사 깊이 알기

1 기사를 읽고 설명이 맞으면 ○표, 틀리면 ×표 하세요.

- 우리나라는 2022년에 다누리호를 달 궤도로 보내어 달을 탐사하고 있다. (   )
- 2024년 미국의 민간 기업이 만든 달 탐사선이 달 착륙에 성공했다. (   )
- 아직 일반인의 우주 공간 비행은 불가능하다. (   )

2 기사의 내용을 한 문장으로 정리한 것입니다. □ 안에 알맞은 말을 써 보세요.

세계 여러 나라와 기업들의 도전으로 □□□□ 시대가 곧 열릴 것이다.

3 여러분이 우주여행을 가게 된다면, 우주에서 어떤 연구를 하고 싶은가요? 하고 싶은 연구와 그 이유를 써 보세요.

_____

_____

오늘의 어휘

다음 단어의 알맞은 뜻을 찾아 선으로 이어 보세요.

민간 •   • 별이나 인공위성 등이 다른 별의 둘레를 돌면서 그리는 곡선의 길

광물 •   • 관청이나 정부 기관에 속하지 않음

탐사 •   • 철, 금, 은, 수은, 가스처럼 자연에서 얻어지는 물질

궤도 •   • 알려지지 않은 사물이나 사실 등을 샅샅이 더듬어 조사함

6

과학 기술 환경 본책 24쪽

새콤달콤 개미, 닭고기 맛 뱀고기가 미래 식량이라고?

💡 기사 깊이 알기

1 기사를 읽고 설명이 맞으면 ○표, 틀리면 ×표 하세요.

- 미국 대학 연구팀은 식용 개미 4종의 맛을 연구한 결과, 개미 종류에 따라 달콤한 캐러멜 맛, 새콤한 맛, 또는 고소한 맛이 난다고 발표했다. (   )
- 미래 식량인 곤충과 뱀을 사육하는 것은 돼지나 소를 사육하는 것보다 환경을 덜 파괴한다. (   )
- 곤충 단백질을 얻을 때 메탄가스는 전혀 발생하지 않는다. (   )

2 기사의 내용을 한 문장으로 정리한 것입니다. □ 안에 알맞은 말을 써 보세요.

식용 곤충과 뱀은 환경을 덜 파괴하는 훌륭한 ☐☐ ☐☐ 으로 평가받고 있다.

3 환경을 파괴하지 않는 또 다른 미래 식량으로는 무엇이 있을까요? 여러분이 연구자라면 어떤 식량을 개발해 보고 싶은지 써 보세요.

_____
_____
_____

🗨️ 오늘의 어휘

다음 단어의 알맞은 뜻을 찾아 선으로 이어 보세요.

성장 •　　　　• 먹을 것으로 씀

육류 •　　　　• 먹을 수 있는 짐승의 고기 종류

식용 •　　　　• 사람이나 동식물 등이 자라서 점점 커짐

사육 •　　　　• 어린 가축이나 짐승이 자라도록 먹이어 기름

7

 과학 기술 환경 본책 26쪽

인공 지능에 빼앗긴 목소리, 어떻게 하나요?

💡 기사 깊이 알기

1 기사를 읽고 설명이 맞으면 ○표, 틀리면 ×표 하세요.

- 사람의 목소리를 인공 지능 프로그램에 학습시켜, 그 사람의 목소리로 노래를 만드는 데 1시간이 넘게 걸린다. ( )
- 현재로서는 인공 지능 노래를 막을 방법이 마땅치가 않다. ( )
- 현재 우리나라 법에 따르면, 노래의 곡이나 가사처럼 사람의 목소리도 저작권 보호를 받는다. ( )

2 기사의 내용을 한 문장으로 정리한 것입니다. ☐ 안에 알맞은 말을 써 보세요.

인공 지능 ☐☐ 문제로 피해를 보는 사람들의 권리를 보호할 규정이 마련되어야 한다.

3 여러분이 법을 만드는 사람이라면 인공 지능 저작권 문제를 해결하기 위해 어떤 법을 만들고 싶은가요? 만들고 싶은 법과 그 이유를 함께 써 보세요.

_____

_____

_____

오늘의 어휘
다음 단어의 알맞은 뜻을 찾아 선으로 이어 보세요.

창작물 •   • 독창적으로 지어낸 예술 작품

규정 •   • 한 사람의 권리와 가치가 인정되는 자격

인격 •   • 알맞게 이용하거나 맞추어 씀

적용 •   • 규칙으로 정해 놓은 것

8

과학 기술 환경 본책 28쪽

더워지는 지구, 사라지는 꿀벌들

💡 기사 깊이 알기

1 기사를 읽고 설명이 맞으면 ○표, 틀리면 ×표 하세요.

- 지구 온난화 때문에 꿀벌이 죽어가고 있다. (   )
- 꿀벌이 사라지는 것을 막으려면 추운 겨울에 벌집을 따뜻한 곳에 두어 꿀벌이 겨울을 따뜻하게 보낼 수 있게 해야 한다. (   )
- 꿀벌이 사라지지 않게 하려면 지구 온난화가 심해지지 않도록 해야 한다. (   )

2 기사의 내용을 한 문장으로 정리한 것입니다. □ 안에 알맞은 말을 써 보세요.

꿀벌을 보호하기 위해 □□□□가 더 심해지지 않도록 환경 오염을 막아야 한다.

3 지구 온난화를 막기 위해 여러분이 할 수 있는 일, 가정에서 할 수 있는 일, 그리고 정부가 할 수 있는 일을 각각 한 가지씩 써 보세요.

_____

_____

_____

오늘의 어휘

다음 단어의 알맞은 뜻을 찾아 선으로 이어 보세요.

- 태양열 •   • 지구의 기온이 높아지는 현상
- 온난화 •   • 태양에서 나와 지구에 도달하는 열
- 과로사 •   • 자연환경을 오염하지 않고 자연 그대로의 환경과 잘 어울리는 일
- 친환경 •   • 지나치게 일하여 생긴 병으로 목숨을 잃음

9

(과학) (기술) (환경) 본책 30쪽

공룡이 원숭이만큼 똑똑했다고?
사실은 악어와 비슷

💡 기사 깊이 알기

1 기사를 읽고 설명이 맞으면 ○표, 틀리면 ×표 하세요.

- 공룡이 원숭이와 비슷한 지능을 가졌을 가능성이 있다는 연구 결과가 발표되었으나, 사실 공룡의 지능이 그리 높지 않다는 새 연구 결과도 발표되었다. (   )
- 영국, 독일 등 국제 공동 연구팀은 공룡의 뇌 크기와 구조를 연구한 결과, 공룡의 지능이 악어보다 더 높았을 것이라고 발표했다. (   )
- 이번 연구 결과를 통해 실제 공룡의 삶이 영화 속 모습과 거의 비슷했을 것이라고 짐작할 수 있다. (   )

2 기사의 내용을 한 문장으로 정리한 것입니다. □ 안에 알맞은 말을 써 보세요.

공룡의 □□ 은 원숭이보다는 악어와 비슷할 가능성이 높다는 것이 밝혀졌다.

3 공룡의 지능이 악어와 비슷했다면, 그 당시 공룡의 삶이 어떠했을지 추론해 보세요.

_____

_____

오늘의 어휘
다음 단어의 알맞은 뜻을 찾아 선으로 이어 보세요.

- 예측 · · 뱀, 악어처럼 온몸이 비늘로 덮여 있고, 주위의 온도에 따라 체온이 변하며 알을 낳는 동물

- 지능 · · 미리 헤아려 짐작함

- 파충류 · · 머리를 쓰는 일을 얼마나 잘하느냐에 따라 정해지는 적응 능력

- 멸종 · · 생물의 한 종류가 아주 없어짐

10

 본책 32쪽

'빵! 빵!' 교통 소음이 새에게 미치는 영향은?

기사 깊이 알기

1 기사를 읽고 설명이 맞으면 ○표, 틀리면 ×표 하세요.

- 도시에서 발생하는 교통 소음이 새들에게 나쁜 영향을 미친다는 연구 결과가 발표되었다. (   )
- 연구팀은 여러 종류의 새에게 녹음된 교통 소음을 들려주며 실험을 진행했다. (   )
- 교통 소음을 들으며 성장한 새들은 새끼를 가지지 못했다. (   )

2 기사의 내용을 한 문장으로 정리한 것입니다. □ 안에 알맞은 말을 써 보세요.

□□ □□ 이 새의 부화와 성장, 번식에 나쁜 영향을 미치므로 이를 줄이는 방법을 찾아야 한다.

3 교통 소음을 줄이는 방법에는 무엇이 있을지 써 보세요.

_____
_____
_____

오늘의 어휘

다음 단어의 알맞은 뜻을 찾아 선으로 이어 보세요.

부화 •   • 알 속에서 새끼가 껍데기를 깨고 밖으로 나옴

성장 •   • 붇고 늘어서 많이 퍼짐

번식 •   • 자극에 빠르게 반응을 보이거나 쉽게 영향을 받음

민감 •   • 사람이나 동식물 등이 자라서 점점 커짐

11

세계는 플라스틱 포장과 전쟁 중! 플라스틱 대신 이런 건?

💡 기사 깊이 알기

1 기사를 읽고 설명이 맞으면 ○표, 틀리면 ×표 하세요.

- 국제 환경 보호 단체인 그린피스가 일반인을 대상으로 조사한 결과, 이들이 일주일 동안 버리는 일회용 플라스틱이 1명당 40개가 넘는다는 사실이 밝혀졌다. (   )
- 유엔 환경 계획(UNEP)은 매년 4억 3,000만 톤 이상의 플라스틱이 생산되며 그중 3분의 2가 쓰레기로 땅에 묻힌다고 발표했다. (   )
- 플라스틱을 대신해 자연적으로 분해되는 원료로 포장재를 만들어 환경을 보호할 수 있다. (   )

2 기사의 내용을 한 문장으로 정리한 것입니다. ☐ 안에 알맞은 말을 써 보세요.

일회용 ☐☐☐ 쓰레기가 환경을 심각하게 오염시키므로 이를 대신할 수 있는 제품을 개발하여 환경을 보호해야 한다.

3 일회용 플라스틱 쓰레기를 줄이는 방법에는 무엇이 있을지 써 보세요.

_____

_____

 **다음 단어의 알맞은 뜻을 찾아 선으로 이어 보세요.**

포장재 •　　　　• 어떤 물건을 만드는 데 들어가는 재료

분해 •　　　　• 공업 제품이나 농산물 등을 포장하는 데 쓰는 재료

대체 •　　　　• 다른 것으로 대신함

원료 •　　　　• 여러 부분이 결합되어 이루어진 것을 그 낱낱으로 나눔

12

과학 · 기술 · 환경 본책 36쪽

지구 행복 지수 76위 한국, 문제는 탄소 배출량!

기사 깊이 알기

1 기사를 읽고 설명이 맞으면 ○표, 틀리면 ×표 하세요.

- '지구 행복 지수'는 각 나라 사람들이 평가한 행복도에 기대 수명을 곱한 뒤 이를 1인당 배출하는 탄소량으로 나눠 계산한다. (   )
- 다른 나라에 비해 한국은 기대 수명과 행복도가 지나치게 낮고, 탄소 배출량은 비교적 적은 편이었다. (   )
- 탄소를 적게 배출하면서 행복하게 사는 국가는 없다. (   )

2 기사의 내용을 한 문장으로 정리한 것입니다. □ 안에 알맞은 말을 써 보세요.

인류는 □□□□□ 을 줄여 지구를 희생시키지 않으면서 행복한 삶을 누려야 한다.

3 탄소 배출량을 줄이기 위해 누구나 쉽게 실천할 수 있는 일에는 무엇이 있는지 써 보세요.

_____
_____
_____

오늘의 어휘

다음 단어의 알맞은 뜻을 찾아 선으로 이어 보세요.

희생 •　　　　• 인간이 태어나서 앞으로 살아있을 것으로 기대되는 평균 생존 연수

행복도 •　　　　• 다른 사람이나 어떤 목적을 위해 자신의 목숨, 재산, 이익 등을 바치거나 버림

배출 •　　　　• 행복감을 느끼는 정도

기대 수명 •　　　　• 안에서 밖으로 밀어 내보냄

13

사회 · 정치 · 본책 42쪽

백과사전이 틀리면 어쩌나요?

💡 기사 깊이 알기

1 기사를 읽고 설명이 맞으면 ○표, 틀리면 ×표 하세요.

- 세계 최초의 금속 활자는 우리나라 고려 시대의 『직지심체요절』을 펴내는 데 쓰인 것이다. (   )
- 러시아의 인터넷 백과사전에서 독도를 '한국과 일본의 영토 분쟁 지역'이라고 소개하고 있는데 이는 틀린 내용이다. (   )
- 인터넷 백과사전의 틀린 내용은 해외에서만 발견되고 있다. (   )

2 기사의 내용을 한 문장으로 정리한 것입니다. □ 안에 알맞은 말을 써 보세요.

> 많은 사람이 믿고 이용할 수 있도록 □□□□에 틀린 내용이 있다면 바로잡아야 한다.

3 여러분이 러시아의 인터넷 백과사전에 '독도는 한국과 일본의 영토 분쟁 지역'이란 내용을 바르게 고쳐 달라고 요구한다면, 어떻게 메일을 작성할 것인가요? 근거를 들어 메일을 써 보세요.

_____

_____

오늘의 어휘

다음 단어의 알맞은 뜻을 찾아 선으로 이어 보세요.

- 분쟁 •   • 못마땅한 생각이나 반대의 뜻을 주장함
- 활자 •   • 네모기둥 모양의 금속 윗면에 문자나 기호를 볼록 튀어나오게 새긴 것
- 항의 •   • 나라를 위해 몸을 바쳐 정의롭게 일하려는 뜻을 가진 사람
- 의사 •   • 말썽을 일으키어 시끄럽고 복잡하게 다툼

미국은 대통령을 이렇게 뽑아요!

기사 깊이 알기

1 기사를 읽고 설명이 맞으면 ○표, 틀리면 ×표 하세요.

- 우리나라에서 대통령 선거에 참여할 수 있는 나이는 20살 이상이다. (   )
- 선거인단은 각 주의 인구 구성에 상관없이 무조건 5명으로 구성된다. (   )
- 2024년 11월, 미국에서 새로운 대통령을 뽑는 선거가 치러질 예정이다. (   )

2 기사의 내용을 한 문장으로 정리한 것입니다. □ 안에 알맞은 말을 써 보세요.

미국은 우리나라처럼 국민이 직접 투표하여 대통령을 뽑는 게 아니라 □□□□을 통해 대통령을 뽑는다.

3 미국 대통령 선거 방식의 장점과 단점에 대한 여러분의 생각을 써 보세요.

___

오늘의 어휘

다음 단어의 알맞은 뜻을 찾아 선으로 이어 보세요.

- 주(州) · · 선거를 하거나 가부를 결정할 때에 투표용지에 의사를 표시하여 일정한 곳에 내는 일
- 득표 · · 연방 국가의 행정 구역의 하나
- 투표 · · 투표에서 찬성표를 얻음
- 치르다 · · 무슨 일을 겪어 내다

유튜브 사용 시간 세계 1위 한국, 월평균 40시간이나?

기사 깊이 알기

1 기사를 읽고 설명이 맞으면 ○표, 틀리면 ×표 하세요.

- 우리나라가 유튜브 영상 업로드 수에서 세계 1위를 차지했다. (　　)
- 1인당 유튜브 사용 시간은 세계 평균이 23시간 정도인데, 우리나라는 이보다 17시간이나 더 많다. (　　)
- 2024년 2월 조사에 따르면, 검색 서비스 이용에서 유튜브가 1위를 차지했다. (　　)

2 글쓴이가 이 글을 쓴 이유는 무엇인가요?

① 우리나라가 유튜브 사용 시간 세계 1위인 것을 자랑하려고
② 유튜브가 인기 있는 이유를 설명하려고
③ 유튜브가 일으키는 문제에 관심을 갖게 하려고
④ 유튜브 사용 방법을 설명해 주려고

3 유튜브 사용 시간을 줄이기 위해 할 수 있는 일에는 무엇이 있을지 써 보세요.

_____
_____
_____

오늘의 어휘

다음 단어의 알맞은 뜻을 찾아 선으로 이어 보세요.

단어	뜻
핵심 ·	· 책이나 컴퓨터에서, 목적에 따라 필요한 자료들을 찾아내는 일
검색 ·	· 사물의 가장 중심이 되는 부분
중독 ·	· 한 달을 단위로 하여 내는 평균
월평균 ·	· 무언가에 깊이 빠져 정상적으로 판단할 수 없는 상태

16

사회 / 정치 본책 48쪽

입학식 못한 초등학교 전국 157곳, "신입생이 없어요."

기사 깊이 알기

1 기사를 읽고 설명이 맞으면 ○표, 틀리면 ×표 하세요.

- 신입생이 한 명인 학교에서는 입학식을 치르지 않았다. (   )
- 초등학교에 신입생이 없는 문제는 앞으로 해결될 것이다. (   )
- 신입생 수가 줄어드는 이유는 낮은 출생률 때문이다. (   )

2 기사의 내용을 한 문장으로 정리한 것입니다. □ 안에 알맞은 말을 써 보세요.

우리나라 □□□가 계속 감소하고 있어 이에 대한 대책이 필요하다.

3 우리나라 출생률을 높이기 위해 정부가 해야 할 일에는 무엇이 있을지 여러분의 생각을 써 보세요.

_____
_____
_____

오늘의 어휘

다음 단어의 알맞은 뜻을 찾아 선으로 이어 보세요.

- 신입생 • • 학교에 새로 들어온 학생
- 입학식 • • 학교에 새로 들어온 학생들을 모아 놓고 행하는 의식
- 출생률 • • 양이나 수치가 줆
- 감소 • • 일정한 기간에 태어난 사람의 수가 차지하는 비율

17

스마트폰은 잠시 안녕~ 우리 '디지털 디톡스' 해요

기사 깊이 알기

1 기사를 읽고 설명이 맞으면 ○표, 틀리면 ×표 하세요.

- 우리나라 초등학생 중 23% 이상이 스마트폰에 과도하게 의존하는 위험 상태에 있다. (　　)
- 스마트폰 의존 위험 상태에 있는 초등학생들은 시력, 수면, 성장 등 건강에 문제가 생기고, 집중력 저하와 우울감 등 마음의 문제도 겪는다. (　　)
- 디지털 디톡스는 매우 어렵기 때문에 혼자 할 수 없고, 반드시 가족이나 친구와 함께해야 한다. (　　)

2 기사의 내용을 한 문장으로 정리한 것입니다. □ 안에 알맞은 말을 써 보세요.

스마트폰에 과도하게 의존하는 문제를 해결하기 위해 □□□ □□□를 활용할 수 있다.

3 스마트폰에 과도하게 의존하는 문제를 해결하기 위해 디지털 디톡스 외에 또 어떤 일을 실천할 수 있을지 써 보세요.

_____

_____

_____

오늘의 어휘

다음 단어의 알맞은 뜻을 찾아 선으로 이어 보세요.

- 의존 •　　　• 다른 것에 마음을 기대어 도움을 받고 있음
- 해독 •　　　• 원래의 상태로 돌이키거나 원래의 상태를 되찾음
- 회복 •　　　• 몸 안에 들어간 독이 있는 물질의 작용을 없앰
- 안절부절 •　　　• 마음이 초조하고 불안하여 어찌할 바를 모르는 모양

18

사회 정치 본책 52쪽

한국은 '국회 의원', 미국은 '소방관'이 가장 존경받는 직업

💡 기사 깊이 알기

1 기사를 읽고 설명이 맞으면 ○표, 틀리면 ×표 하세요.

- 2024년 3월의 조사에 따르면, 사람들은 가장 존경받는 직업으로 한국에서는 '소방관', 미국에서는 '국회 의원'이라고 답했다. (　)
- 한국에서는 존경받는 직업 1위와 15위의 점수 차이가 5개국 중 가장 큰 차이를 보였다. (　)
- 존경받는 직업에 대한 조사 결과는 한국 사람들이 남을 돕기 위해 희생하는 것보다는 권력이나 높은 수입을 얻을 수 있는 직업을 선호한다는 것을 보여 준다. (　)

2 기사의 내용을 한 문장으로 정리한 것입니다. □ 안에 알맞은 말을 써 보세요.

한국에는 모든 직업이 □□가 있다는 생각을 가질 수 있는 교육과 정책이 필요하다.

3 모든 직업이 귀하다는 생각을 가질 수 있도록 학생들에게 어떤 교육을 하면 좋을까요? 여러분의 생각을 써 보세요.

_____

_____

_____

오늘의 어휘

다음 단어의 알맞은 뜻을 찾아 선으로 이어 보세요.

- 취업자 •　　• 정치적 목적을 이루기 위한 방법과 계획
- 권력 •　　• 신분이나 일 등의 지위가 높고 낮음
- 귀천 •　　• 일정한 직업을 잡아 직장에 나가는 사람
- 정책 •　　• 남을 복종시키거나 지배할 수 있는 공인된 권리와 힘

어린이 공원에서 공놀이를 하지 말라고요?

기사 깊이 알기

1 기사를 읽고 설명이 맞으면 ○표, 틀리면 ×표 하세요.

- 서울시에 따르면, 서울 시내 어린이 공원 수가 매년 줄어들고 있다. (　　)
- 서울시는 주택가 어린이 공원에 공놀이를 금지한다는 내용의 현수막을 붙였다. (　　)
- 현수막 내용에 반대하는 사람들은 어린이를 위한 공원이니 어린이가 마음껏 뛰어놀 수 있어야 한다고 의견을 냈다. (　　)

2 기사의 내용을 한 문장으로 정리한 것입니다. □ 안에 알맞은 말을 써 보세요.

어린이 공원에서 공놀이를 하는 것에 대해 □□하는 입장과 □□하는 입장이 있어 문제 해결이 어렵다.

3 여러분은 어린이 공원에서 공놀이를 자제해야 한다는 의견에 찬성하나요? 아니면 반대하나요? 그 이유도 함께 써 보세요.

_____
_____

오늘의 어휘

다음 단어의 알맞은 뜻을 찾아 선으로 이어 보세요.

- 자제 ・　　・ 도와주거나 보살펴 주려고 마음을 씀
- 현수막 ・　　・ 무엇을 하고 싶은 마음을 스스로 참음
- 소음 ・　　・ 기분이 나쁘게 시끄러운 소리
- 배려 ・　　・ 선전문·구호문 등을 적어 걸어 놓은 막

'노키즈존'이 불러온 '노○○존' 세상

기사 깊이 알기

1 기사를 읽고 설명이 맞으면 ○표, 틀리면 ×표 하세요.

- 가게를 노키즈존으로 만들려면 따로 신고를 해야 한다. (   )
- 국가인권위원회가 노키즈존이 아동 차별 행위라고 밝힌 뒤로, 노키즈존은 금지되었다. (   )
- 나이를 기준으로 차별하는 노키즈존을 막지 못한 결과, 또 다른 차별을 낳는 '노○○존'들이 생겨났다. (   )

2 기사의 내용을 한 문장으로 정리한 것입니다. □ 안에 알맞은 말을 써 보세요.

'노○○존'이 생겨 사람들을 □□하는 문제가 발생했다.

3 여러분은 '노○○존'에 찬성하나요? 아니면 반대하나요? 그 이유도 함께 써 보세요.

_____
_____
_____

오늘의 어휘

다음 단어의 알맞은 뜻을 찾아 선으로 이어 보세요.

- 신고 • • 둘 이상의 대상을 등급이나 수준 따위의 차이를 두어서 구별함
- 차별 • • 어떤 일을 하거나 남에게 당연히 요구할 수 있는 힘이나 자격
- 권리 • • 국민이 법에 따라 국가 기관에 일정한 사실을 보고함
- 기준 • • 기본이 되는 표준

21

'백두산', 유네스코 세계 지질 공원으로 선정, "어? 이름이 다르네?"

기사 깊이 알기

1 기사를 읽고 설명이 맞으면 ○표, 틀리면 ×표 하세요.

- 유네스코는 백두산을 '창바이산'이라는 중국 이름을 사용하여 세계 지질 공원으로 선정했다. (   )
- 백두산은 4분의 1은 중국, 4분의 3은 북한 땅이다. (   )
- 고려 시대에 쓰인 『삼국유사』에는 고조선을 세운 '환웅'이 하늘에서 내려온 곳이 백두산이라고 기록되어 있다. (   )

2 기사의 내용을 한 문장으로 정리한 것입니다. ☐ 안에 알맞은 말을 써 보세요.

백두산이 중국의 '창바이산'이라는 이름으로 ☐☐ ☐☐ ☐☐에 선정되었는데, 이는 우리 ☐☐에 큰 문제가 되는 일이다.

3 우리의 역사를 지키기 위해 여러분이 할 수 있는 일에는 무엇이 있을지 써 보세요.

_____
_____
_____

오늘의 어휘

다음 단어의 알맞은 뜻을 찾아 선으로 이어 보세요.

- 선정 • • 지각을 이루는 여러 가지 암석이나 지층의 성질 또는 상태
- 지형 • • 여럿 가운데서 어떤 것을 뽑아 정함
- 화산 • • 땅속에 있는 가스, 용암 등이 땅의 터진 틈으로 내뿜어지는 산
- 지질 • • 땅의 생긴 모양

22

사회 정치 본책 60쪽

너무 일찍 세상을 떠난 동물원 호랑이가 말해 주는 것은…

💡 **기사 깊이 알기**

1 기사를 읽고 설명이 맞으면 ○표, 틀리면 ×표 하세요.

- 동물원은 멸종 위기의 야생 동물들을 보호하는 역할을 한다. (   )
- 동물원의 동물들은 모두 평균 수명을 넘기며 오랫동안 건강하게 산다. (   )
- 서울 대공원 측은 호랑이와 같은 동물의 건강 검진과 치료는 쉽지만, 돈이 많이 들어 치료가 힘들다고 했다. (   )

2 기사의 내용을 한 문장으로 정리한 것입니다. □ 안에 알맞은 말을 써 보세요.

동물원의 동물들을 자연으로 돌려보낼 수 없다면,
동물들이 건강하게 지낼 수 있는 ☐☐ 을 만들어 주어야 한다.

3 여러분은 동물들을 보호하기 위해 동물원에서 키워야 한다고 생각하나요? 아니면 동물들은 자유롭게 자연 속에서 살아야 한다고 생각하나요? 그 이유도 함께 써 보세요.

_____

_____

_____

오늘의 어휘 다음 단어의 알맞은 뜻을 찾아 선으로 이어 보세요.

- 수명 •   • 산과 들에서 저절로 나서 자라는 동물
- 멸종 위기 •   • 작은 일에도 꼼꼼하게 주의를 기울여 빈틈이 없다
- 야생 동물 •   • 생물이 살아 있는 기간
- 세심하다 •   • 생물의 한 종류가 아주 없어질 위험한 고비나 시기

23

'학교 폭력 기록' 졸업해도 4년간 남는다

💡 기사 깊이 알기

1 기사를 읽고 설명이 맞으면 ○표, 틀리면 ×표 하세요.

- 2023년 조사 결과, 초·중·고교생 때 학교 폭력을 경험했다는 대답이 10년 만에 가장 적게 나왔다. (   )
- 심각한 수준과 관계없이 모든 학교 폭력 기록의 보존 기간을 2년에서 4년으로 늘리기로 했다. (   )
- 교육부는 이번 조치로 학교 폭력이 줄어들 것을 기대하고 있다. (   )

2 기사의 내용을 한 문장으로 정리한 것입니다. □ 안에 알맞은 말을 써 보세요.

학교 폭력을 줄이기 위해 학교 폭력 □□ □□ 기간을 2년에서 4년으로 늘렸다.

3 학교 폭력을 줄이기 위해 정부, 학교, 학생이 각각 어떤 일을 하면 좋을지 한 가지씩 써 보세요.

_____
_____
_____

오늘의 어휘

다음 단어의 알맞은 뜻을 찾아 선으로 이어 보세요.

- 보존 • • 벌어지는 사태를 잘 살펴서 필요한 대책을 세워 행함
- 조치 • • 이익이 되지 않고 손해가 되는 데가 있음
- 진학 • • 상급 학교에 감
- 불이익 • • 잘 보호하고 간수하여 남김

24

주운 신용 카드로 사탕 산 여고생들이 감사장을 받은 까닭은?

기사 깊이 알기

1 기사를 읽고 설명이 맞으면 ○표, 틀리면 ×표 하세요.

- 신용 카드를 주운 여고생들은 간식이 먹고 싶어 주운 신용 카드로 막대 사탕 1개를 구입했다. (   )
- 신용 카드 주인은 은행에 분실 신고 전화를 하여 은행에서 신용 카드를 되찾았다. (   )
- 주운 신용 카드를 함부로 사용해도 벌을 받지 않는다. (   )

2 기사의 내용을 한 문장으로 정리한 것입니다. □ 안에 알맞은 말을 써 보세요.

□□ 있게 신용 카드 주인을 찾아 준 여고생들이 경찰서로부터 감사장을 받았다.

3 여러분이 길에서 지갑을 주웠다면 어떻게 주인에게 돌려줄 것인지 그 방법을 써 보세요.

_____
_____
_____

오늘의 어휘

다음 단어의 알맞은 뜻을 찾아 선으로 이어 보세요.

- 결제 •   • 눈치 빠른 재주
- 분실 •   • 자기도 모르는 사이에 물건 등을 잃어버림
- 조언 •   • 돈을 주고받아 거래를 끝맺는 일
- 재치 •   • 말로 거들거나 깨우쳐 주어서 도움

25

경제 본책 70쪽

내 강아지에게는 최고를!
반려동물 시장 급성장

💡 기사 깊이 알기

1 기사를 읽고 설명이 맞으면 ○표, 틀리면 ×표 하세요.

- 우리나라의 반려동물 고급 사료 시장은 10년 전과 비교해 증가했다. (   )
- 우리나라의 반려동물 시장이 급성장한 이유는 반려동물을 키우는 사람들이 크게 늘었기 때문이다. (   )
- 반려동물을 키우는 사람들의 마음을 사로잡기 위해 어떤 항공사는 강아지와 함께 탈 수 있는 비행기 좌석을 판매했다. (   )

2 기사의 내용을 한 문장으로 정리한 것입니다. □ 안에 알맞은 말을 써 보세요.

우리나라에서 □□□ 시장이 빠르게 성장하고 있다.

3 여러분이 사업가라면 반려동물을 위해 어떤 상품이나 서비스를 판매할 것인가요? 여러분의 생각을 써 보세요.

_____

_____

_____

 **다음 단어의 알맞은 뜻을 찾아 선으로 이어 보세요.**

사료 · · 상품과 서비스의 거래가 이루어지는 공간

시장 · · 무엇의 크기나 범위가 빠르고 거세게 커짐

시도 · · 집에서 기르는 동물에게 주는 먹을거리

급성장 · · 어떤 것을 이루어 보려고 계획하거나 행동함

25

26

너도나도 일본 여행, "엔화가 쌉니다, 싸요!"

경제 | 본책 72쪽

기사 깊이 알기

1 기사를 읽고 설명이 맞으면 ○표, 틀리면 ×표 하세요.

- 2023년에 일본을 방문한 한국인 수가 급격하게 줄었다. (　　)
- 엔화의 값이 싸져서 전 세계의 많은 관광객이 일본을 찾았다. (　　)
- 엔화의 값이 싸져서 일본 경제에 좋은 영향을 미치고 있다. (　　)

2 기사의 내용을 한 문장으로 정리한 것입니다. □ 안에 알맞은 말을 써 보세요.

　　　□□의 값이 싸져서 일본으로 여행하는 한국인 관광객이 증가했다.

3 만약 엔화의 값이 비싸진다면 이는 일본 경제에 어떤 영향을 미칠지 써 보세요.

_____
_____
_____

 다음 단어의 알맞은 뜻을 찾아 선으로 이어 보세요.

- 수입 •　　　　• 물건의 값
- 물가 •　　　　• 다른 나라로부터 상품이나 기술 등을 국내로 사들임
- 정책 •　　　　• 어떤 일을 직접 당하기 전에 미리 생각하여 둠
- 예상 •　　　　• 정치적 목적을 이루기 위한 방법과 계획

27

엎치락뒤치락 세계 경제,
일본 GDP 세계 4위로 밀려나

기사 깊이 알기

1 기사를 읽고 설명이 맞으면 ○표, 틀리면 ×표 하세요.

- 일본의 GDP 순위가 바뀌었다. (   )
- 한 나라의 경제 활동 수준을 알 수 있는 국내 총생산을 GDP라고 한다. (   )
- 우리나라의 GDP 순위는 인도보다 높다. (   )

2 기사의 내용을 한 문장으로 정리한 것입니다. □ 안에 알맞은 말을 써 보세요.

일본의 □□ 활동이 활발하지 않고 엔화 값이 싸져서

일본의 □□□ 순위가 세계 4위로 밀려났다.

3 앞으로 세계 GDP 순위는 어떻게 바뀔 것 같나요? 그 이유도 함께 써 보세요.

오늘의 어휘

다음 단어의 알맞은 뜻을 찾아 선으로 이어 보세요.

- 생산 •   • 앞날을 헤아려 내다봄 또는 내다보이는 장래의 상황
- 규모 •   • 인간이 생활하는 데 필요한 각종 물건을 만들어 냄
- 추세 •   • 사물이나 현상의 크기나 범위
- 전망 •   • 어떤 현상이 일정한 방향으로 나아가는 경향

28

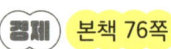 본책 76쪽

과일 안 사는 한국… 비싸서 못 먹는다

💡 기사 깊이 알기

1 기사를 읽고 설명이 맞으면 ○표, 틀리면 ×표 하세요.

- 한국인의 과일 소비량이 줄어든 이유는 과일값이 너무 비싸졌기 때문이다. (   )
- 과일값이 비싸진 이유는 지구 온난화로 인한 기후 변화로 과일 생산량이 줄었기 때문이다. (   )
- 비싸진 과일값을 잡기 위해 정부는 여러 대책을 내놓았고, 그로 인해 큰 효과를 보았다. (   )

2 기사의 내용을 한 문장으로 정리한 것입니다. □ 안에 알맞은 말을 써 보세요.

지구 온난화로 인한 [   ] 변화로

과일 [   ] 이 줄어들면서 과일값이 비싸졌다.

3 비싸진 과일값을 잡기 위해 어떤 대책을 세워야 할까요? 여러분이 생각한 대책과 그 대책을 제안한 이유를 써 보세요.

_____
_____
_____

오늘의 어휘

다음 단어의 알맞은 뜻을 찾아 선으로 이어 보세요.

- 소비량 •   • 건강을 위해 먹기를 추천하는 양
- 최고치 •   • 가장 높은 값
- 권장량 •   • 일 등을 맡아서 해냄
- 감당   •   • 돈이나 물건 등을 쓰는 양

29

 본책 78쪽

3만 원권 세뱃돈? 글쎄, 아직은…

💡 기사 깊이 알기

1 기사를 읽고 설명이 맞으면 ○표, 틀리면 ×표 하세요.

- 3만 원권을 만드는 데 드는 비용은 그리 많지 않다. (   )
- 우리나라에서 현금을 사용하는 일이 계속 늘어나고 있다. (   )
- 한국은행의 조사에 따르면 3만 원권을 만들기 바라는 사람이 매우 많다. (   )

2 기사의 내용을 한 문장으로 정리한 것입니다. □ 안에 알맞은 말을 써 보세요.

3만 원권을 만들면 좋겠다는 의견이 있었으나, ☐☐ 문제와 현금 사용 감소 등의 이유로 3만 원권이 당장 만들어질 것 같지는 않다.

3 여러분은 3만 원권을 만드는 것에 대해 찬성하나요? 아니면 반대하나요? 그 이유도 함께 써 보세요.

_____
_____
_____

오늘의 어휘

다음 단어의 알맞은 뜻을 찾아 선으로 이어 보세요.

공감 •   • 사람이나 사물을 다른 사람이나 사물로 대신함

교체 •   • 어떤 문제에 대하여 서로 의견을 내어 토의함

결제 •   • 남의 감정, 의견, 주장 등에 대하여 자기도 그렇다고 느낌

논의 •   • 돈을 주고받아 거래를 끝맺는 일

30

경제 본책 80쪽

'책가방만 한 컵라면, 얼굴만 한 크림빵' 클수록 잘 팔린다!

기사 깊이 알기

1 기사를 읽고 설명이 맞으면 ○표, 틀리면 ×표 하세요.

- 한 기업이 크림빵이 나온 지 60주년을 기념해 원래보다 6.6배 커진 크림빵을 판매했으나, 인기는 없었다. (   )
- 원래보다 크게 만들어 파는 제품을 '점보 제품'이라고 부른다. (   )
- 점보 제품 인기의 원인은 높은 물가로 어려워진 경제 상황에서 사람들이 용량이 큰 제품을 찾기 때문이다. (   )

2 기사의 내용을 한 문장으로 정리한 것입니다. □ 안에 알맞은 말을 써 보세요.

높은 물가로 어려워진 경제 상황에서 □□ □□ 이 인기를 끌고 있다.

3 여러분은 어떤 물건을 점보 제품으로 만들고 싶나요? 그 이유도 함께 써 보세요.

_____
_____
_____

오늘의 어휘

다음 단어의 알맞은 뜻을 찾아 선으로 이어 보세요.

기념 •　　　　• 시간이나 재물을 헤프게 씀

품절 •　　　　• 물건이 다 팔리고 없음

대용량 •　　　• 아주 큰 분량

낭비 •　　　　• 뜻깊은 일이나 훌륭한 인물 등을 오래 잊지 않고 마음에 간직함

31

 본책 82쪽

치솟는 금값, 왜 이렇게 비싸졌나?

💡 기사 깊이 알기

1 기사를 읽고 설명이 맞으면 ○표, 틀리면 ×표 하세요.

- 우리나라만 금값이 올랐고 다른 나라들은 금값이 오르지 않았다. (   )
- 금값이 비싸진 이유는 세계 경제의 불안과 관련이 있다. (   )
- 금값은 세계 경제 상황에 따라 변한다. (   )

2 기사의 내용을 한 문장으로 정리한 것입니다. □ 안에 알맞은 말을 써 보세요.

세계 경제의 불안으로 □□이 치솟았다.

3 세계 경제가 불안해서 금값이 비싸졌습니다. 이 외에 세계 경제가 불안하면 어떤 일이 일어날지 여러분의 생각을 써 보세요.

_____
_____
_____ ✏️

오늘의 어휘 〉 다음 단어의 알맞은 뜻을 찾아 선으로 이어 보세요.

- 돈 •   • 귀금속이나 한약재 등의 무게를 재는 말
- 범위 •   • 사물이 지니고 있는 쓸모
- 가치 •   • 어떤 것이 미치는 한계
- 이자 •   • 남에게 돈을 빌려 쓴 대가로 치르는 일정한 비율의 돈

2023년 우리나라 살림 결과는? 87조 적자!

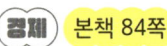

기사 깊이 알기

1 기사를 읽고 설명이 맞으면 ○표, 틀리면 ×표 하세요.

- 2023년 우리나라의 살림 결과, 적자가 역대 최대 규모이다. (   )
- 2023년에 큰 적자가 난 이유는 우리나라 경제 상황이 좋지 않았기 때문이다. (   )
- 우리나라 살림이 적자가 났지만, 국민은 비판하지 않았다. (   )

2 기사의 내용을 한 문장으로 정리한 것입니다. □ 안에 알맞은 말을 써 보세요.

2023년 우리나라의 살림 결과, 큰 □□가 나서 □□을 요구하는 목소리가 높아지고 있다.

3 올해 우리나라의 살림이 적자가 나지 않으려면 정부가 어떤 대책을 세우면 좋을까요?

_____
_____
_____

오늘의 어휘

다음 단어의 알맞은 뜻을 찾아 선으로 이어 보세요.

- 수입 •   • 물질적으로나 정신적으로 들인 값보다 적게 얻은 것
- 지출 •   • 물질적으로나 정신적으로 보탬이 되는 것
- 이익 •   • 어떤 목적을 위하여 돈을 지급하는 일
- 손해 •   • 돈이나 물품 등을 거두어들임 또는 그 돈이나 물품

33

경제 본책 86쪽

나랏빚 많다는데, 돈을 많이 찍어 갚으면 어떨까요?

💡 기사 깊이 알기

1 기사를 읽고 설명이 맞으면 ○표, 틀리면 ×표 하세요.

- 2023년 우리나라의 빚은 지금껏 최고로 많은 금액이었다. (   )
- 나랏빚을 갚기 위해 돈을 많이 찍어 내면 돈의 가치가 떨어진다. (   )
- 독일은 엄청난 경제 위기를 겪은 적이 있다. (   )

2 기사의 내용을 한 문장으로 정리한 것입니다. □ 안에 알맞은 말을 써 보세요.

나랏빚을 갚기 위한 가장 좋은 방법은 경제가 잘 돌아가게 하여 정부의 □□ □□ 을 늘리는 것이다.

3 만약 다이아몬드가 길에 널린 돌멩이처럼 많아진다면 다이아몬드의 가치는 어떻게 변할지 여러분의 생각을 써 보세요.

_____
_____
_____

오늘의 어휘

다음 단어의 알맞은 뜻을 찾아 선으로 이어 보세요.

- 빚 · · 나라에 필요한 일에 쓰기 위해 국민에게 강제로 거두는 돈
- 경제 · · 사람들이 사는 데 필요한 것을 만들고 나누고 쓰는 모든 활동
- 가치 · · 사물이 지니고 있는 쓸모
- 세금 · · 남에게 갚아야 할 돈

김값이 '금값', 왜 이렇게 올랐나요?

기사 깊이 알기

1 기사를 읽고 설명이 맞으면 ○표, 틀리면 ×표 하세요.

- 작년보다 김 생산량이 늘어났는데도 김값이 올랐다. (   )
- 김 수출량이 늘어난 이유는 세계적으로 김과 김밥의 인기가 높아지면서 김을 찾는 사람들이 많아졌기 때문이다. (   )
- 김값은 올랐지만, 김을 재료로 하는 식품의 가격은 오르지 않았다. (   )

2 기사의 내용을 한 문장으로 정리한 것입니다. □ 안에 알맞은 말을 써 보세요.

김과 김밥의 인기로 김 □□ 이 늘어나면서 김값이 비싸졌다.

3 생산되는 김의 양은 정해져 있습니다. 김을 최대한 많이 수출해서 외국 돈을 버는 것이 좋을까요? 아니면 수출량을 줄여 우리나라 사람들이 김을 싼 가격에 사 먹을 수 있도록 하는 것이 좋을까요? 그 이유도 함께 써 보세요.

_____
_____

오늘의 어휘

다음 단어의 알맞은 뜻을 찾아 선으로 이어 보세요.

- 속 •   • 익은 농작물을 거두어들임
- 금값 •   • 김을 묶어 세는 말(한 속은 김 100장)
- 수확 •   • 금에 맞먹을 만큼 비싼 값
- 물가 •   • 물건의 값

35

 본책 90쪽

판매 종료라더니,
노이즈 마케팅이 뭐길래?

💡 기사 깊이 알기

1 기사를 읽고 설명이 맞으면 ○표, 틀리면 ×표 하세요.

- 어느 햄버거 회사의 노이즈 마케팅을 보고 사람들이 속았다며 화를 냈다. (   )
- 노이즈 마케팅을 사용하면 사람들의 주목을 받을 수 있으므로 항상 좋은 방법이라고 할 수 있다. (   )
- 노이즈 마케팅을 무리하게 사용하면 사람들이 속았다는 기분에 그 회사를 믿지 못하게 될 수 있다. (   )

2 기사의 내용을 한 문장으로 정리한 것입니다. ☐ 안에 알맞은 말을 써 보세요.

☐☐☐ ☐☐☐ 은 사람들의 관심을 끌 수 있다는 장점이 있지만, 사람들의 신뢰를 잃을 수도 있으므로 무리하게 사용하지 않는 것이 좋다.

3 여러분이 사업가로서 노이즈 마케팅을 활용한다면 어떻게 할 계획인가요? 그 이유도 함께 써 보세요.

_____

_____

오늘의 어휘

다음 단어의 알맞은 뜻을 찾아 선으로 이어 보세요.

판매 •   • 어떤 행동이나 일 등이 끝남

종료 •   • 관심을 가지고 주의 깊게 살핌 또는 그 시선

광고 •   • 상품 등을 팖

주목 •   • 상품이나 서비스에 대한 정보를 여러 가지 매체를 통하여 소비자에게 널리 알리는 의도적인 활동

36

경제 본책 92쪽

왜 가게 치킨값이 마트보다 두 배 넘게 비쌀까?

💡 **기사 깊이 알기**

1 기사를 읽고 설명이 맞으면 ○표, 틀리면 ×표 하세요.

- 대형 마트 치킨값이 치킨 가게보다 싼 이유는 재료 구매력이 더 좋기 때문이다. (　　)
- 치킨 가게는 대형 마트보다 더 비싼 기름을 사용한다. (　　)
- 대형 마트는 저렴한 치킨을 팔아 큰 이익을 보았다. (　　)

2 기사의 내용을 한 문장으로 정리한 것입니다. □ 안에 알맞은 말을 써 보세요.

대형 마트 치킨값이 치킨 가게보다 더 싼 이유는 재료 □□□이 좋고, 저렴한 기름을 사용하며, □□나 포장 비용이 적게 들기 때문이다.

3 대형 마트 치킨의 장점이 저렴한 가격이라면, 치킨 가게는 어떤 장점들을 내세워야 치킨이 잘 팔릴까요? 여러분이 치킨 가게 사장이라면, 어떤 장점을 내세울 것인지 써 보세요.

_____

_____

_____

오늘의 어휘

다음 단어의 알맞은 뜻을 찾아 선으로 이어 보세요.

- 발길 ·　　　　　· 요구나 필요에 따라 물품 등을 제공함
- 구매력 ·　　　　　· 사람들의 왕래
- 공급 ·　　　　　· 개인이나 단체가 물품이나 노동력을 살 수 있는 능력
- 수수료 ·　　　　　· 어떤 일을 맡아 처리해 준 데 대한 대가로서 주는 돈

37

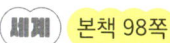 본책 98쪽

우크라이나 전쟁 3년째, 평화는 과연 언제쯤?

💡 기사 깊이 알기

1 기사를 읽고 설명이 맞으면 ○표, 틀리면 ×표 하세요.

- 러시아와 우크라이나의 전쟁이 길어지면서 우크라이나만 큰 피해를 입었다. (　　)
- 미국의 한 조사에서는 응답자의 절반 이상이 우크라이나에 너무 많은 지원을 하고 있다고 답했다. (　　)
- 러시아와 우크라이나의 전쟁이 곧 끝날 것으로 보인다. (　　)

2 기사의 내용을 한 문장으로 정리한 것입니다. □ 안에 알맞은 말을 써 보세요.

러시아와 우크라이나의 □□이 길어지고 있다.

3 러시아와 우크라이나의 전쟁이 어떻게 하면 끝날 수 있을까요? 서로가 양보하거나 이해해야 하는 부분은 무엇일까요? 여러분의 생각을 써 보세요.

―――――――――――――――――――――――――
―――――――――――――――――――――――――
―――――――――――――――――――――――――

오늘의 어휘

다음 단어의 알맞은 뜻을 찾아 선으로 이어 보세요.

- 침공 • • 난리를 피하여 가는 사람
- 민간인 • • 관리나 군인이 아닌 일반 사람
- 피란민 • • 비참하고 끔찍하다
- 참혹하다 • • 다른 나라를 쳐들어가 공격함

38

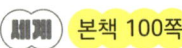 본책 100쪽

수에즈 운하가 막혔다!
먼 길로 돌아서 가는 세계의 배들

💡 **기사 깊이 알기**

1 기사를 읽고 설명이 맞으면 ○표, 틀리면 ×표 하세요.

- 유럽과 아시아를 오가는 배들이 원래 다니던 길이 아닌 더 가까운 길로 다니게 되어 세계 경제가 좋아지고 있다. (　　)
- 배들이 수에즈 운하로 가지 못하는 이유는 수에즈 운하가 전쟁터로 변했기 때문이다. (　　)
- 배에 천연가스를 실어 유럽에 공급하는 카타르는 위험하지만 돈을 아끼기 위해 수에즈 운하를 통과하겠다고 발표했다. (　　)

2 기사의 내용을 한 문장으로 정리한 것입니다. □ 안에 알맞은 말을 써 보세요.

수에즈 □□ 가 전쟁터가 되어 수출할 물건을 실은 배들이 먼 길로 돌아가고 있다.

3 전쟁으로 인해 전쟁을 하는 나라들뿐만 아니라 다른 나라들도 피해를 보고 있습니다. 이처럼 전쟁을 하면 안 되는 다른 이유에는 무엇이 있을까요?

_____
_____
_____

오늘의 어휘 다음 단어의 알맞은 뜻을 찾아 선으로 이어 보세요.

- 수출　·　　　　　· 배가 다닐 수 있도록 땅에 파 놓은 물길
- 운하　·　　　　　· 전투에 필요한 장비를 갖춤
- 무장　·　　　　　· 국내의 상품이나 기술을 외국으로 팔아 내보냄
- 반군　·　　　　　· 반란을 일으킨 군대

39

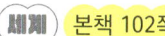
본책 102쪽

위기의 라파, 갈 곳 없는 팔레스타인 난민

💡 기사 깊이 알기

1 기사를 읽고 설명이 맞으면 ○표, 틀리면 ×표 하세요.

- 세계에는 1억 명이 넘는 난민이 있으며, 많은 나라가 난민들을 도와주고 있다.
  (   )
- 이스라엘은 팔레스타인 난민을 돕기 위해 구호물자를 보냈다. (   )
- 팔레스타인 난민들은 위험을 피해 이집트로 도망쳤고, 이집트는 난민들을 받아주었다. (   )

2 기사의 내용을 한 문장으로 정리한 것입니다. ☐ 안에 알맞은 말을 써 보세요.

팔레스타인 ☐☐ 들이 여러 가지 이유로 ☐☐ 에 처해 있다.

3 우리나라에도 전쟁 등의 이유로 피난 온 난민들이 있습니다. 이 난민들을 도와주는 방법에는 어떤 것이 있을까요?

_____
_____
_____

오늘의 어휘
다음 단어의 알맞은 뜻을 찾아 선으로 이어 보세요.

- 지원 •　　　　• 일정한 기준에 따라 여럿으로 나눈 땅의 한 구역

- 지구 •　　　　• 전쟁, 폭력, 자연재해 같은 재난을 피해 살던 곳을 떠나 도망치거나 쫓겨난 사람

- 구호물자 •　　　　• 재난 등으로 어려움에 처한 사람을 돕기 위한 물건

- 난민 •　　　　• 지지하여 도움

세계에서 가장 ○○한 나라는?

기사 깊이 알기

1 기사를 읽고 설명이 맞으면 ○표, 틀리면 ×표 하세요.

- 세계에서 가장 인구가 많은 나라는 인도이다. (   )
- 2024년 물가 수준을 반영한 구매력 기준 순위에서 우리나라는 13위를 차지했다. (   )
- 조사 결과를 보면 인구가 많고 부자인 나라일수록 항상 그 나라의 행복 순위가 높다는 것을 알 수 있다. (   )

2 기사의 내용을 한 문장으로 정리한 것입니다. □ 안에 알맞은 말을 써 보세요.

195개 나라의 조사 결과를 보면 인구가 많거나 부자인 나라라고 해서 반드시 □□한 것은 아니라는 것을 알 수 있다.

3 우리나라가 더 행복한 나라가 되려면 어떤 점이 변화되어야 할까요? 그 이유도 함께 써 보세요.

_____
_____
_____

오늘의 어휘

다음 단어의 알맞은 뜻을 찾아 선으로 이어 보세요.

- 유엔(UN) • • 많은 것 중에서 가장 뛰어나거나 첫째가는 것
- 구매력 • • 일정 기간 동안 국내에서 생산된 모든 물건과 서비스를 돈의 값으로 나타낸 것
- 최고 • • 국제 평화를 유지하기 위한 목적으로 설립된 국제 평화 기구
- GDP • • 개인이나 단체가 물품이나 노동력을 살 수 있는 능력

중국 온라인 쇼핑몰 '엉터리 태극기' 팔다가 걸려

💡 기사 깊이 알기

1 기사를 읽고 설명이 맞으면 ○표, 틀리면 ×표 하세요.

- 태극기는 태극 문양과 건곤감리라는 검은 막대 모양으로 이루어져 있다. (   )
- 태극기는 우리나라 국기이기 때문에 한국인만 구매한다. (   )
- 엉터리 태극기를 팔던 쇼핑몰은 태극기의 판매를 중지했다. (   )

2 기사의 내용을 한 문장으로 정리한 것입니다. □ 안에 알맞은 말을 써 보세요.

엉터리 □□ 가 나오지 않도록

우리가 항상 □□ 을 가지고 지켜봐야 한다.

3 외국인 친구가 여러분에게 태극기 문양이 무엇을 뜻하는지 물어본다면 어떻게 설명할 것인가요? 태극기 문양에 대해 설명해 보세요.

_____
_____
_____

오늘의 어휘

다음 단어의 알맞은 뜻을 찾아 선으로 이어 보세요.

- 상징 • • 우리나라의 문화가 외국에서 유행하는 현상
- 문양 • • 눈에 보이지 않는 생각이나 사물을 구체적인 사물로 나타냄
- 논란 • • 물건에 나타난 어떤 모양
- 한류 • • 여럿이 서로 다른 주장을 내며 다툼

42

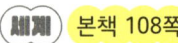

"2년 동안 내릴 비가 하루에 쏟아졌어요." 두바이 폭우의 원인은?

기사 깊이 알기

1 기사를 읽고 설명이 맞으면 ○표, 틀리면 ×표 하세요.

- 두바이는 폭우가 자주 내리던 도시이다. (　　)
- 인공 강우는 구름 씨앗을 하늘에 뿌려서 비가 내리게 하는 것이다. (　　)
- 두바이 폭우의 원인은 지구 온난화로 인한 기후 변화이기 때문에 사람들에게는 잘못이 없다. (　　)

2 기사의 내용을 한 문장으로 정리한 것입니다. □ 안에 알맞은 말을 써 보세요.

두바이 폭우와 같은 □□이 일어나지 않도록 지구 환경을 □□해야 한다.

3 우리나라도 지구 온난화로 인해 폭우나 가뭄 등의 재난이 일어나고 있습니다. 이런 재난이 일어나지 않도록 지구 환경을 보호하기 위해 여러분이 할 수 있는 일에는 무엇이 있을까요?

_____
_____
_____

오늘의 어휘

다음 단어의 알맞은 뜻을 찾아 선으로 이어 보세요.

- 폭우 •　　　• 비가 내림
- 강우 • 　　　• 갑자기 세차게 쏟아지는 비
- 추측 • 　　　• 뜻밖에 일어난 재앙과 고난
- 재난 • 　　　• 미루어 생각하여 헤아림

미국 플로리다 어린이들, 2025년부터 SNS 못 하게 되나?

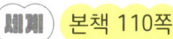 본책 110쪽

기사 깊이 알기

1 기사를 읽고 설명이 맞으면 ○표, 틀리면 ×표 하세요.

- 2025년 1월부터 미국 전체에서 미성년자 온라인 보호법이 시행된다. (   )
- 이 법이 시행되면 어린이들은 모든 SNS와 문자 메시지, 이메일을 사용할 수 없게 된다. (   )
- 어린이들의 SNS 가입을 막는 것은 어린이의 권리와 자유를 침해한다는 반대 의견도 있다. (   )

2 기사의 내용을 한 문장으로 정리한 것입니다. □ 안에 알맞은 말을 써 보세요.

어린이들을 SNS의 나쁜 영향으로부터 보호하기 위해
□□□□ □□□ 보호법이 만들어졌다.

3 여러분은 '미성년자 온라인 보호법'에 찬성하나요? 아니면 반대하나요? 그 이유도 함께 써 보세요.

_____
_____
_____

오늘의 어휘

다음 단어의 알맞은 뜻을 찾아 선으로 이어 보세요.

- 미성년자 •   • 민법상 만 19세 미만의 사람

- 시행 •   • 조직이나 단체 등에 들어가거나, 서비스를 제공하는 상품 등을 신청함

- 가입 •   • 법을 발표한 뒤 그 법을 실제로 적용하는 일

- 계정 •   • 인터넷에서, 이용자가 누구인지 나타내는 문자나 숫자로 된 체계

44

세계 | 본책 112쪽

필립섬 펭귄은 왜 스웨터를 입고 있지?

💡 기사 깊이 알기

1 기사를 읽고 설명이 맞으면 ○표, 틀리면 ×표 하세요.

- 펭귄을 기름 유출 사고로부터 보호하기 위해 펭귄에게 스웨터를 입혔다. ( )
- 실제로 기름 유출 사고가 났을 때 많은 펭귄이 스웨터 덕분에 목숨을 건졌다. ( )
- 펭귄과 바다를 보호하는 가장 좋은 방법은 더 많은 스웨터를 보내는 것이다. ( )

2 기사의 내용을 한 문장으로 정리한 것입니다. ☐ 안에 알맞은 말을 써 보세요.

☐☐ 사고로부터 펭귄을 지키기 위해 스웨터 입히기 활동을 하고 있다.

3 기름 유출 사고 외에도 펭귄을 위협하는 해양 오염이 발생하고 있습니다. 해양 환경을 보호하기 위해 우리가 할 수 있는 일에는 무엇이 있을지 써 보세요.

_____
_____
_____

오늘의 어휘

다음 단어의 알맞은 뜻을 찾아 선으로 이어 보세요.

- 유출 •　　　　• 빨아서 거두어들임
- 흡수 •　　　　• 배가 다니는 길
- 구조 •　　　　• 밖으로 흘러 나감
- 뱃길 •　　　　• 재난 등을 당하여 어려운 처지에 빠진 사람을 구해 줌

45

세계 본책 114쪽

미국에 1,000조 마리 매미 떼 덮친다! '제트기급 소음 예상'

💡 기사 깊이 알기

1 기사를 읽고 설명이 맞으면 ○표, 틀리면 ×표 하세요.

- 2024년 내내 미국의 모든 주에 대규모 매미 떼가 덮칠 것이다. (   )
- 매미의 수가 너무 많아 농작물에 큰 피해를 줄 것이다. (   )
- 전문가들은 많은 매미 떼가 한꺼번에 울어대면 아주 큰 소음이 발생할 것이라고 경고했다. (   )

2 기사의 내용을 한 문장으로 정리한 것입니다. □ 안에 알맞은 말을 써 보세요.

1803년 이후 221년 만에 □□성 매미가 미국을 덮칠 예정이다.

3 매미처럼 사람에게 직접적인 피해를 주지는 않지만, 갑자기 짧은 기간에 너무 많이 나타나 불편함을 주는 곤충들이 있습니다. 이럴 때 불편함을 준다고 해서 곤충들을 없애야 할까요? 아니면 참아야 할까요? 그 이유도 함께 써 보세요.

___

___

___

오늘의 어휘

다음 단어의 알맞은 뜻을 찾아 선으로 이어 보세요.

- 주기 •   • 기분이 나쁘게 시끄러운 소리

- 떼 •   • 같은 특징이 한 번 나타나고부터 다음번 되풀이되기까지의 기간

- 분류 •   • 목적이나 행동을 같이하는 무리

- 소음 •   • 같은 성질을 가진 대상들을 일정한 기준에 따라 나누어 놓은 갈래

46

(세계) 본책 116쪽

중국 초등학교
"밤 9시 반 이후에는 숙제하지 마세요."

💡 **기사 깊이 알기**

1 기사를 읽고 설명이 맞으면 ○표, 틀리면 ×표 하세요.

- 숙제 마감 시간 조치가 2024년 4월부터 중국 전체에서 시행되었다. (   )
- 숙제 마감 시간 조치는 학생들이 밤 9시 30분 전에 반드시 숙제를 끝내야 하는 규정이다. (   )
- 숙제 마감 시간 조치가 만들어진 이유는 학생들의 학업 부담을 줄이기 위해서이다. (   )

2 기사의 내용을 한 문장으로 정리한 것입니다. ☐ 안에 알맞은 말을 써 보세요.

중국의 한 초등학교에서 학생들의 ☐☐ 시간을 보장하고 ☐☐ 부담을 줄이기 위해 숙제 마감 시간 조치를 시행했다.

3 여러분은 '숙제 마감 시간 조치' 시행에 찬성하나요? 아니면 반대하나요? 그 이유도 함께 써 보세요.

_____
_____
_____

오늘의 어휘

다음 단어의 알맞은 뜻을 찾아 선으로 이어 보세요.

- 일쑤 •
- 보장 •
- 부담 •
- 마감 •

- • 어떤 일이 어려움 없이 이루어지도록 조건을 마련하여 보호함
- • 정해진 기한의 끝
- • 흔히 또는 으레 그러는 일
- • 어떠한 의무나 책임을 짐

47

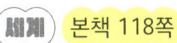 본책 118쪽

멕시코의 전통문화 투우, 계속될까요?

💡 기사 깊이 알기

1 기사를 읽고 설명이 맞으면 ○표, 틀리면 ×표 하세요.

- 2022년에 멕시코 법원이 투우를 금지한 이후, 투우 경기는 한 번도 열리지 않았다. ( )
- 투우 경기의 잔인한 방식 때문에 반대하는 사람들이 있다. ( )
- 투우 협회는 투우 경기를 막는 것이 개인의 권리와 자유를 침해하는 일이라고 주장했다. ( )

2 기사의 내용을 한 문장으로 정리한 것입니다. □ 안에 알맞은 말을 써 보세요.

멕시코의 □□ 문화인 □□를 금지할 것인가에 대한 논란이 일고 있다.

3 전통문화는 소중히 여기고 지켜야 합니다. 하지만 멕시코의 투우와 같은 전통문화를 유지할지 말지에 대해 논쟁이 이어지고 있습니다. 전통문화를 지키거나 없애야 하는 기준은 무엇일지 여러분의 생각을 써 보세요.

_____
_____
_____

오늘의 어휘
다음 단어의 알맞은 뜻을 찾아 선으로 이어 보세요.

권리 •　　　　• 어떤 일을 하거나 남에게 당연히 요구할 수 있는 힘이나 자격

침해 •　　　　• 재판을 하여 누가 옳은지 따져 달라고 법원에 요구함

학대 •　　　　• 침범하여 해를 끼침

소송 •　　　　• 몹시 괴롭히거나 모질게 대우함

48

멕시코, 첫 여성 대통령 나왔다!

기사 깊이 알기

1 기사를 읽고 설명이 맞으면 ○표, 틀리면 ×표 하세요.

- 2024년 멕시코 대통령 선거에서 아주 적은 표 차이로 여성 대통령이 당선되었다.
( )
- 이번에 당선된 여성 대통령은 이전에 멕시코 수도의 환경부 장관을 지냈다. ( )
- 당선된 대통령은 당선 연설에서 멕시코를 민주주의의 길로 이끌겠다고 했다.
( )

2 기사의 내용을 한 문장으로 정리한 것입니다. □ 안에 알맞은 말을 써 보세요.

멕시코에서 처음으로 여성 □□이 나왔다.

3 최초로 여성 대통령이 당선된 멕시코는 앞으로 어떻게 변화할 것 같나요? 그 이유도 함께 써 보세요.

_____
_____
_____

오늘의 어휘

다음 단어의 알맞은 뜻을 찾아 선으로 이어 보세요.

시장 •   • 조상 때부터 대대로 살던 나라

조국 •   • 국민이 권력을 가지고 그 권력을 스스로 행사하는 제도

영웅 •   • 지혜와 재능이 뛰어나고 용맹하여 어려운 일을 해내는 사람

민주주의 •   • 지방 자치 단체인 시의 책임자

49

 본책 126쪽

선 넘은 악플은 이제 그만!
우리 선수에게 격려와 응원을

💡 **기사 깊이 알기**

1 기사를 읽고 설명이 맞으면 ○표, 틀리면 ×표 하세요.

- 축구 경기가 끝난 뒤, 모든 선수에게 악플이 쏟아졌다. (   )
- 축구팀의 주장이 경기에 최선을 다하는 선수들을 보호해 달라고 요청했다. (   )
- 글쓴이는 선수들을 향한 악플을 멈추고 격려와 응원을 보내야 한다고 주장한다. (   )

2 기사의 내용을 한 문장으로 정리한 것입니다. □ 안에 알맞은 말을 써 보세요.

2023 아시안 컵 대회의 실망스러운 결과로 축구 국가 대표 선수들에게 □□ 이 쏟아져 논란이 되고 있다.

3 악플로 인해 고통받는 사람들이 생기자, 인터넷에 글을 올릴 때는 실제 이름으로만 글을 쓸 수 있게 하는 '인터넷 실명제'에 대한 이야기가 나왔습니다. 여러분은 '인터넷 실명제'에 대해 찬성하나요? 아니면 반대하나요? 그 이유도 함께 써 보세요.

_____

_____

_____

오늘의 어휘 — 다음 단어의 알맞은 뜻을 찾아 선으로 이어 보세요.

- 최전방 •   • 대수롭지 아니하고 예사로움
- 공격수 •   • 수사 기관에 범죄 사실을 신고하여 벌을 주도록 요구하는 일
- 소홀 •   • 단체 경기에서, 공격을 기본적인 임무로 하는 선수
- 고발 •   • 적과 맞서고 있는 싸움터의 맨 앞

나와라, 뱅크시!
'얼굴 없는 예술가' 정체 밝혀지나?

 본책 128쪽

🔍 기사 깊이 알기

1 기사를 읽고 설명이 맞으면 ○표, 틀리면 ×표 하세요.

- 영국의 한 유명 예술가는 자신의 실제 이름이 뱅크시라고 밝혔지만, 얼굴은 공개하지 않았다. (   )
- 미술품 수집가들이 자신이 산 작품이 진품인지 확인해 달라고 요구했으나 답을 받지 못해 뱅크시의 회사에 소송을 냈다. (   )
- 영국의 신문 가디언은 뱅크시가 소송으로 인해 자신의 이름을 공개한다면 이후로는 예술 활동을 계속하지 못할 것이라고 말했다. (   )

2 기사의 내용을 한 문장으로 정리한 것입니다. □ 안에 알맞은 말을 써 보세요.

☐☐ 없는 예술가 뱅크시가 ☐☐으로 인해 자신의 진짜 이름을 공개해야 할 수도 있다.

3 뱅크시는 자신의 작품을 유명한 미술관에 몰래 걸어 두는 등 불법적인 행동을 했습니다. 하지만 어떤 사람들은 그것이 예술이기 때문에 괜찮다고 합니다. 여러분은 이에 대해 어떻게 생각하나요? 그 이유도 함께 써 보세요.

_____
_____

오늘의 어휘
다음 단어의 알맞은 뜻을 찾아 선으로 이어 보세요.

- 비판 •　　　　• 옳고 그름을 판단하여 밝히거나 잘못된 점을 지적함
- 수집가 •　　　• 재판을 하여 누가 옳은지 따져 달라고 법원에 요구함
- 소송 •　　　　• 여러 가지 물건이나 재료를 찾아 모으는 것을 전문적으로 하는 사람
- 진품 •　　　　• 진짜인 물품

한국 문화의 세계 정복, 이제는 '한국 문학'이다!

💡 기사 깊이 알기

1 기사를 읽고 설명이 맞으면 ○표, 틀리면 ×표 하세요.

- 영국의 신문 가디언은 한국 문화의 인기 이유는 국가가 주도적으로 이끌지 않았기 때문이라고 했다. (   )
- 한국 문화는 인기가 있지만, 아직 미국에서는 한국 음식이 인기가 없고 찾아보기 어렵다. (   )
- 한국 문화의 인기로 인해 많은 외국인이 한국어를 배우고 있다. (   )

2 기사의 내용을 한 문장으로 정리한 것입니다. □ 안에 알맞은 말을 써 보세요.

한국 문화가 세계적으로 인기를 얻으면서

한국 □□ 도 세계에 더 널리 알려지게 될 것이다.

3 여러분에게 외국인 친구가 있다면 그 친구에게 어떤 한국 문화를 자랑하고 싶나요? 여러분이 알고 있는 한국 문화 중 하나를 골라 소개하는 글을 써 보세요.

_____
_____
_____

오늘의 어휘

다음 단어의 알맞은 뜻을 찾아 선으로 이어 보세요.

비결 •　　　　• 세상에 알려져 있지 않은 자기만의 뛰어난 방법

협력 •　　　　• 관계가 없는 남의 일에 부당하게 참견함

간섭 •　　　　• 가까이 대하다

접하다 •　　　　• 힘을 합하여 서로 도움

모아이를 돌려주세요!

기사 깊이 알기

1 기사를 읽고 설명이 맞으면 ○표, 틀리면 ×표 하세요.

- 영국 박물관은 모아이를 돌려달라는 댓글이 많아지자, SNS 댓글 창을 닫았다.
  ( )
- 모아이를 돌려달라는 댓글 운동에 많은 칠레 국민이 참여했으나, 칠레 대통령은 이러한 댓글 운동을 비판했다. ( )
- 영국 박물관에는 칠레 유물 외에도 다른 나라에서 가져온 유물이 많이 있다.
  ( )

2 기사의 내용을 한 문장으로 정리한 것입니다. □ 안에 알맞은 말을 써 보세요.

칠레가 영국 박물관에 칠레의 □□인 모아이를 돌려달라고 □□했지만, 영국 박물관은 돌려주지 않고 있다.

3 영국 박물관에는 우리나라 유물도 있습니다. 우리나라에서는 어떤 근거를 들어 우리의 유물을 돌려달라고 요구할 수 있을까요? 그 근거를 한 가지 써 보세요.

_____
_____

오늘의 어휘

다음 단어의 알맞은 뜻을 찾아 선으로 이어 보세요.

요구 •   • 조상들이 자손들에게 남긴 물건

지지하다 •   • 받아야 할 것을 필요에 의해 달라고 부탁함

유물 •   • 어떤 사람이나 단체의 주의·정책·의견에 찬성하여 이를 위하여 힘을 쓰다

대처 •   • 어떤 사건에 대하여 알맞은 조치를 취함

53

문화 예술 본책 134쪽

경복궁에 낙서하고 예술이라니!

💡 기사 깊이 알기

1 기사를 읽고 설명이 맞으면 ○표, 틀리면 ×표 하세요.

- 20대 남성이 경복궁 담벼락에 낙서한 다음 날, 철없는 10대 청소년들이 또 담벼락에 낙서했다. (   )
- 글쓴이의 의견에 따르면, 우리의 역사가 담긴 소중한 문화재를 훼손하는 것은 예술이라고 할 수 없다. (   )
- 경복궁을 보호하기 위해 CCTV 설치를 늘리고 순찰을 강화하기로 했다. (   )

2 기사의 내용을 한 문장으로 정리한 것입니다. □ 안에 알맞은 말을 써 보세요.

		훼손을 막기 위해 우리 문화재를 소중히 생각하는

		교육이 우선되어야 한다.

3 소중한 우리 문화재를 보호하기 위해 여러분이 할 수 있는 일에는 무엇이 있을지 써 보세요.

_____

_____

_____

오늘의 어휘

다음 단어의 알맞은 뜻을 찾아 선으로 이어 보세요.

- 자수 •
- 문화재 •
- 훼손 •
- 보수 •

- • 건물이나 시설 등의 낡거나 부서진 것을 손보아 고침
- • 범인이 스스로 수사 기관에 자기의 범죄 사실을 신고하고, 그 처분을 구하는 일
- • 가치가 뛰어나 법으로 보호하는 문화적 창조물
- • 무너뜨리거나 깨뜨려 못 쓰게 만듦

54

한국 프로 야구, 베이스 커지고 로봇 심판 등장했다

문화 예술 본책 136쪽

💡 **기사 깊이 알기**

1 기사를 읽고 설명이 맞으면 ○표, 틀리면 ×표 하세요.

- 베이스의 크기가 작아져 적극적이고 빠른 경기를 펼치게 되었다. (   )
- 로봇 심판을 시범 경기에서 사용해 본 결과, 로봇 심판의 판단이 매우 정확한 것으로 밝혀졌다. (   )
- 야구장에 시계를 설치하고 투수들이 그 시계에 표시된 시간 내에 공을 던지도록 하는 제도가 2022년부터 정식으로 운영되고 있다. (   )

2 기사의 내용을 한 문장으로 정리한 것입니다. □ 안에 알맞은 말을 써 보세요.

□□□ 크기 변화, □□ 심판 도입, 피치 클록 제도 등으로 한국 프로 야구에 □□ 가 생겼다.

3 로봇 심판의 등장으로 야구 심판이라는 직업이 사라질 수도 있다는 전망입니다. 이 외에 로봇의 등장으로 사라질 직업에는 어떤 것이 있을까요?

_____
_____
_____

오늘의 어휘 다음 단어의 알맞은 뜻을 찾아 선으로 이어 보세요.

- 도입 •   • 논리나 기준 등에 따라 판별하여 결정을 내림
- 투구 •   • 모범을 보임
- 판단 •   • 기술, 방법, 물자 등을 끌어 들임
- 시범 •   • 야구나 볼링 등에서, 공을 던짐

키우는 돌멩이, '반려돌'을 아시나요?

 본책 138쪽

기사 깊이 알기

1 기사를 읽고 설명이 맞으면 ○표, 틀리면 ×표 하세요.

- 전 세계에서 반려돌이 인기를 끌고 있다. ( )
- 국가에서 반려돌의 정보가 담긴 반려돌 등록증을 발급하고 있다. ( )
- 미국의 월스트리트저널은 한국에서 반려돌이 인기를 끄는 이유에 대해 "과로한 한국인들이 쉬기 위해 찾은 방법"이라고 했다. ( )

2 기사의 내용을 한 문장으로 정리한 것입니다. □ 안에 알맞은 말을 써 보세요.

우리나라에서 □□이 인기를 끌고 있다.

3 여러분이 '반려○○'을 키운다면 무엇을 키우고 싶나요? 그 이유도 함께 써 보세요.

_____
_____
_____

오늘의 어휘

다음 단어의 알맞은 뜻을 찾아 선으로 이어 보세요.

- 장신구 • • 다른 것에 영향을 받아 어떤 현상이 나타남
- 반영 • • 몸치장을 하는 데 쓰는 물건
- 과로 • • 몸이 고달플 정도로 지나치게 일함
- 위안 • • 위로하여 마음을 편하게 함

아무 연주도 하지 않는 연주, 「4분 33초」

💡 **기사 깊이 알기**

1 기사를 읽고 설명이 맞으면 O표, 틀리면 ×표 하세요.

- 러시아의 피아니스트가 4분 33초 동안 곡을 연주하지 않고 앉아 있자, 관객들은 화를 냈다. (   )
- 미국의 작곡가 존 케이지는 세상에는 완전한 고요함이 존재하지 않는다는 생각을 담아 「4분 33초」라는 곡을 만들었다. (   )
- 4분 33초 동안 관객들은 절대로 떠들면 안 된다. (   )

2 기사의 내용을 한 문장으로 정리한 것입니다. ☐ 안에 알맞은 말을 써 보세요.

곡 중에는 4분 33초 동안 ☐☐ 없이 공연장의 소음이나 ☐☐들이 내는 소리를 듣도록 만들어진 곡이 있다.

3 여러분이 만드는 나만의 「4분 33초」에는 어떤 소리를 담고 싶은지 써 보세요.

_____
_____
_____

오늘의 어휘 — 다음 단어의 알맞은 뜻을 찾아 선으로 이어 보세요.

앙코르 •   • 출연자의 훌륭한 솜씨를 칭찬하며 박수 등으로 다시 해 달라고 부탁하는 일

환호 •   • 고요함이 흐름 또는 그런 상태

작곡가 •   • 전문적인 기술을 가지고 음악을 만드는 사람

침묵 •   • 기뻐서 큰 소리로 부르짖음

57

책 안 읽는 한국인, 유튜브로 보면 된다고?

💡 기사 깊이 알기

1 기사를 읽고 설명이 맞으면 ○표, 틀리면 ×표 하세요.

- '2023년 국민 독서 실태'에 따르면, 성인 10명 중 6명 정도가 1년 동안 책을 한 권 읽는다고 한다. (   )
- 학생들은 성인보다 책을 더 많이 읽는다. (   )
- 전문가들은 우리나라 사람들이 독서하지 않는 이유 중 하나로 유튜브를 꼽았다.
(   )

2 기사의 내용을 한 문장으로 정리한 것입니다. □ 안에 알맞은 말을 써 보세요.

우리나라 국민의 □□량을 조사하기 시작한 1994년 이후, 2023년이 가장 낮은 결과를 기록했다.

3 독서량을 늘리기 위해 어떤 노력을 하면 좋을까요? 여러분이 생각하는 방법을 한 가지 써 보세요.

_____
_____
_____

오늘의 어휘
다음 단어의 알맞은 뜻을 찾아 선으로 이어 보세요.

- 독서 • • 있는 그대로의 상태 또는 실제의 모양
- 실태 • • 책을 읽음
- 요약 • • 말이나 글의 요점을 잡아서 간추림
- 온전히 • • 본바탕 그대로 고스란히

58

어버이날에 왜 카네이션을 선물하게 되었을까?

기사 깊이 알기

1 기사를 읽고 설명이 맞으면 ○표, 틀리면 ×표 하세요.

- 미국에서는 어머니의 날에 어머니께 카네이션을 선물한다. (   )
- 우리나라의 5월 8일 어버이날은 원래 어머니의 날이었다. (   )
- 우리나라와 마찬가지로, 미국에서도 5월 8일이 어머니의 날이다. (   )

2 기사의 내용을 한 문장으로 정리한 것입니다. ☐ 안에 알맞은 말을 써 보세요.

☐☐ 날에 카네이션을 선물하는 문화는 미국에서 유래한 것이다.

3 여러분은 어버이날에 부모님께 어떤 선물을 드리고 싶나요? 그 이유도 함께 써 보세요.

_____
_____
_____

오늘의 어휘

다음 단어의 알맞은 뜻을 찾아 선으로 이어 보세요.

- 어버이 •　　　　• 겸손하고 예의 바르게 받들어 모심
- 은혜 •　　　　• 고맙게 베풀어 주는 신세나 혜택
- 공경 •　　　　• 아버지와 어머니를 아울러 이르는 말
- 추모 •　　　　• 죽은 사람을 그리며 생각함

59

 본책 146쪽

어린이날이 행복하지 않은 한국인, 도대체 왜?

💡 기사 깊이 알기

1 기사를 읽고 설명이 맞으면 ○표, 틀리면 ×표 하세요.

- 2019년에는 어린이날이 1년 중 가장 행복한 날 1위로 선정되었다. (   )
- 가장 행복한 날 조사 결과, 2020년에는 코로나19로 인해 어린이날의 순위가 떨어졌지만, 코로나19 유행이 지난 후 다시 1위가 되었다. (   )
- 가장 행복한 날 조사 결과, 어린이날의 순위가 바뀐 이유는 물가가 오르고 경제가 나빠졌기 때문이다. (   )

2 기사의 내용을 한 문장으로 정리한 것입니다. □ 안에 알맞은 말을 써 보세요.

우리나라의 물가가 오르고 □□가 나빠지면서

어린이날의 □□ 정도가 낮아졌다.

3 여러분은 가장 행복한 날이 언제인가요? 그 이유도 함께 써 보세요.

_____

_____

_____

 **다음 단어의 알맞은 뜻을 찾아 선으로 이어 보세요.**

- 행복 •   • 생활에서 충분한 만족과 기쁨을 느끼어 흐뭇함 또는 그러한 상태
- 현실 •   • 돈의 형편이 좋지 않아진
- 주머니 사정이 나빠진 •   • 현재 실제로 존재하는 사실이나 상태
- 나들이 •   • 집을 떠나 가까운 곳에 잠시 다녀오는 일

경복궁에서 엉터리 한복은 이제 그만!

기사 깊이 알기

1 기사를 읽고 설명이 맞으면 ○표, 틀리면 ×표 하세요.

- 한복을 입은 한국인만 경복궁에 입장료를 내지 않고 입장할 수 있다. (　　)
- 퓨전 한복이 문제가 되는 이유는 외국인이나 어린이들이 엉터리 한복을 한국의 전통 한복이라고 오해할 수 있기 때문이다. (　　)
- 국가유산청장은 퓨전 한복을 입은 사람은 경복궁에 입장하지 못하게 하겠다고 했다. (　　)

2 기사의 내용을 한 문장으로 정리한 것입니다. □ 안에 알맞은 말을 써 보세요.

엉터리 한복을 없애고 우리의 □□ □□ 을 지키기 위해 노력해야 한다.

3 전통 한복처럼 반드시 지켜야 하는 우리의 전통문화에는 어떤 것이 있을까요? 지켜야 할 전통문화와 그 전통문화를 어떻게 지키면 좋을지 써 보세요.

_____
_____
_____

오늘의 어휘

다음 단어의 알맞은 뜻을 찾아 선으로 이어 보세요.

- 옷고름 · · 잘못된 것이나 부족한 것, 나쁜 것 등을 고쳐 더 좋게 만듦
- 개선 · · 저고리나 두루마기의 깃 끝과 그 맞은편에 하나씩 달아 양편 옷깃을 여밀 수 있도록 한 헝겊 끈
- 개념 · · 기본이 되는 표준
- 기준 · · 어떤 사물이나 현상에 대한 일반적인 지식